# Dieses Spiel geht nur zu zweit

# George Spencer-Brown

## Aus dem Englischen von Andreas Baar

**Der Autor:** George Spencer-Brown (Pseudonyme: Richard Leroy, James Keys) besuchte das London Hospital Medical College und die Universitäten von Oxford und Cambridge. Mit R.D. Laing erforschte er zehn Jahre lang neue Methoden der Kindererziehung und Therapie. Er ist Gastprofessor an verschiedenen amerikanischen und europäischen Universitäten, hält zwei Weltrekorde als Segelflieger und ist Tarati-Erfinder (das einzige Spiel, das von seiner Schönheit und Tiefe mit Schach vergleichbar ist). Er ist Schachmeister und außerdem Dichter und Songwriter.

Gründer und Präsident des Sentinel-Trust, einer Stiftung zur Erforschung und zur Förderung kreativer Erziehung und außerordentlicher Talente.

Außerdem veröffentlichte er zahlreiche wissenschaftliche Publikationen über Wahrscheinlichkeit und Logik.

## Weitere Bücher des Autoren im Bohmeier Verlag:

„Laws of Form – Gesetze der Form", von George Spencer-Brown, ISBN 978-3-89094-321-3

"A Lions Teath – Löwenzähne" (Deutsch-Englische Ausgabe) von Richard Leroy, ISBN 978-3-89094-287-2

„The Directory of Tunes and Musical Themes" (Das Verzeichnis der Töne und Melodien), von Denys Parsons und George Spencer-Brown, ISBN 978-3-89094-370-1

„Autobiography" (Volume 1. Infancy and childhood) von George Spencer-Brown, ISBN 978-3-89094-355-8

© 3. Auflage, Copyright 2013 by Bohmeier Verlag, D-04357 Leipzig, Oelssnerstr. 2, Germany, Tel.: +49 (0) 341-6812811 - Fax: +49 (0) 341-6811837.
Immer erreichbar über unsere Internet-Homepage: www.magick-pur.de

**Gesamtherstellung: Bohmeier Verlag, Printed in Germany.**

**ISBN 978-3-89094-288-9**

# Inhaltsverzeichnis

Preface to the first German Edition .......................................................5
Vorwort zur deutschen Erstausgabe......................................................8
Vorwort .................................................................................................11
Einleitung .............................................................................................17
Ein Brief vorab.....................................................................................39
1 The Opening - 1 Das Öffnen (Die Öffnung)..................................... 41
2 An Accident - 2 Ein Unfall ............................................................... 41
3 Dog or Cat - 3 Hund oder Katze ....................................................... 41
4 Yesterday's You – 4 Gesterns Du .............................................. 44 / 45
5 The Candle – 5 Die Kerze........................................................... 45 / 46
6 Once upon a time - 6 Es war einmal...........................................47 / 48
7 You are my Wife - 7 Du bist meine Frau ...................................50 / 51
8 A Great Treasure - 8 Ein großer Schatz............................................53
9 Tell me Lies - 9 Belüge mich ............................................................ 54
10 The Test - 10 Die Prüfung ............................................................... 56
11 Only Two - 11 Nur zwei.................................................................. 58
12 Benediction - 12 Segen................................................................... 61
Hinausführung.......................................................................................63
Brief danach ..........................................................................................65
Postskriptum .........................................................................................71
Andere Bücher ......................................................................................75
Goodbye Trip ........................................................................................99
Anmerkungen......................................................................................103

Out of Ancient Time we call
Together those we loved before
To place them in a single stall
Where we can love them all the more

A single being let Her be
A simple garment let Her see
Station'd by the Ancient Shore
Correcting all the wrongs before

What Earth Mother nursed and fed her
Quell'd her cries and calm'd her fear
What Sharp Spirit stole and led her
Out of Nothing into Here

(Verfaßt in Heidelberg, 16.4. 1994, 09.40h)

# Preface to the first German Edition[1]

I wrote *Only Two* in 1970. It has dated somewhat, and some of the slang words in use among young people then are forgotten today. It is the last thing I ever wrote before I became enlightened. [2/3]

I became enlightened at 14 23 hours Greenwich Mean Time on 7th September 1970 in the front upstairs room of 2 The Terrace, St. Peter's Street[4], Cambridge, England, under the shade of an impressive locust tree. I had just finished the first draft of the book, and of course my enlightment made me see it all in a new light, and I realized that what I had thought was important was not.

Since I didn't wish to waste all the hard work I had put into making the book, I set about redrafting it, magicking it all over to make it look not too silly. But what I could not disguise was that it came from an unenlightened piont of view. It suggested that all sorts of things, like global overcrowding, really mattered that don't really matter at all since, since the world is not made of anything, there isn't anything to make better or worse.

You might therefore think, because I was not enlightened when I wrote *Laws of Form*[5], why did I not consider that a bad book too? The answer is because Laws is the vehicle I constructed for my enlightenment, and it can be and has been used by many others for theirs.

In the *Laws* I had proved that if a distinction *could* be drawn, then the appearance of „all this", what we call a „universe" or „cosmos"[6], would inevitably follow. What I could not then see was that, starting with nothing whatever, how anything could appear to come of it. Given nothing, I could not see how a first distinction could ever be drawn.

The answer came to me as I reread the phrase in *Only Two* where I liken the ultimate reality to a kind of infinitely sensitive photographic film. I realized that the only

---

[1]   Auf Wunsch des Autors drucken wir auch seine Originalfassung des Vorwortes zur ersten deutschen Ausgabe ab. Die deutsche folgt im Anschluß.

[2]   *Kursiv gedruckte Fußnoten (wie die folgende) sind vom Autor, alle anderen vom Übersetzer (beide jedoch nicht zu verwechseln mit den Anmerkungen am Ende des Buches). A.B.*

[3]   *Unenlightened people tend to imagine „enlightment" as a sort of vaguely beatific religious experience. Why people should show respect to anyone they think has such an experience, is as hard to conceive as the idea of honouring someone for masturbating. Fortunately enlightment is as far removed from a religious experience as can be. It is the clear conscious recognition of what awareness was always aware of: what exactly the world is and how it comes about. In its highest or tathagatal form it answers all general questions. It is forbidden in western culture, because people who are completely muddled are easier to exploit than people who are completely clear.*

[4]   *Don't for heaven's sake write to me there, because I no longer own the house and your letter will either be returned or, more likely, disappear into the Void. It is best to use the telephone. I receive hundreds of letters I don't have time to read, much less answer. If you write, make it brief, attractive, and to the point. And supply a telephone number.*

[5]   *I began writing the first sentence, „We take as given ... etc." in Haddenham, near Thame in Oxfordshire, at seven o'clock in the morning of December 26th 1962, having first changed my handwriting from an unreadable doctor's scrawl to a neat mathematical script.*

[6]   *It is nice to know that „the cosmos" means „the ornament".*

„thing" (i.e. nonthing) that would be sensitive enough to be influenced by a stimulus so weak that it didn't exist, was nothing itself. That is, nothing is the only „thing" that is so unstable that it can „go off" of its own accord, the only „thing" sensitive enough to be changed by nothing.

So, if nothing could change nothing, we have, inevitably, the appearance of a first distinction, and the rest, including the ineluctible appearance of „all this", inevitably follows.

At that time neither I nor anyone else noticed that Sakyamuni had come to exactly the same recognition two and a half thousand years earlier. What I call expansion of reference, he called conditioned coproduction. He correctly stated that it would operate to produce an apparent universe whether a Tathagata[7] appeared to explain it or not. He

---

[7]  *Strictly speaking, The Tathagata (Sanskrit = The <u>Thus Come</u> or <u>Thus Gone</u>) is not a person but an office, occupied from time to time by a human incumbent, who independently discovers and teaches the laws of form in his native tongue and in the fashion of his age. The English poet Rupert Brooke, in a sonnet entitled „Failure", describes how he entered the office but felt himself unequal to the occupancy of the empty throne there. I entered the office and took command on 1992 January 4th. I had expected a huge battle with „guards" and was surprised to find the office undefended. Later I realized it is never defended because no being can pretend to it.*

*Ordinary human beings who think I am describing a physical office on earth are of course looking in the wrong level of existence. Ordinary people also think Prince Charles bows to his mother. No son ever bows to his mother. The prince is making obeisance to the office of monarch, the earthly trappings of which are mere emblems of the real formality that exists in a place more enduring than the physical emblems of it.*

*Similarly, for my training to be effective in physical reality, I must establish a physical office here, supporting a chain of schools, colleges, institutions, scholarships, and maintenance grants. If you would like to assist with a gift, legacy, or voluntary service of any kind, please telephone or write to:*

*Professor G- Spencer-Brown, President - The Sentinel Trust for Creative Education*
*156 West Common, Horningsham, Warminster, BA 12 7 LT England, Phone +44 (0) 1985 844 855*

*Callers in the country of designation should of course omit the figures denoting this country and add a Zero before the next figure. (The „+" may be different in different countries: e.g. to reach England from Germany you dial 0044... but to reach Germany from England you dial 01049...).*

*If you wish to offer a service you should write your name, date and place of birth, and local time of birth if known. You should supply all adresses and telephone numbers were you might be reached, and include all your main interests and abilities. If you wish to send a gift and do not wish to serve in any other way or reveal your personal details, simply make a check payable to G. Spencer-Brown (Sentinel Trust Account) and sent it to me, with a note to say so if you wish the gift to remain anonymous.*

*If you volunteer your services, please say, in addition to your interests and skills, what you think you might like to do. E.g. Legal Adviser, Fund Raiser, Press Officer, Office Manager, Interpreter, Personal Assistant. In this case you should supply as much information about yourself as you can, including wether you might be willing to relocate from your present address.*

*Persist and use the telephone if you think you are being ignored. You probably are being ignored, since I have yet to fill the most important post of Personal Assistant, a job so demanding that I think it can only be done by magic. If you think you might fit come boldly forward. I won't eat you or make you feel rejected if I don't think you could take it. There is sure to be something useful you can do, if you are interested and willing to be trained.*

said the teaching would eventually be forgotten, as it has been, but that when this time came, a successor would appear and rediscover it.

For years I was ashamed of *Only Two* because of its unenlightened view. But when Messrs Bohmeier Verlag had the vision to ask me if they might republish it in German, I reread it and was surprised to see how well-written it actually is. It may not be entirely enlightened, but it does treat a difficult subject sensitively and simply.

It is also very funny.

**G. Spencer-Brown,**
**London,**
**0727 05 02 1994**

---

*Any being, any age, any sex, who thinks that his, her, or its moral, educational, or religious environment has contributed to making the world a less than satisfactory place, is ready to follow my teaching – the TARATI® training.*
*As any tarati trained graduate will tell you, the world becomes a total adventure playground. You need never again find it boring or dull, or feel that your talents are being undervalued and wasted.*
***Heidelberg, St Valentine's Day, 1994***

# Vorwort zur deutschen Erstausgabe

Ich schrieb *Only Two* im Jahre 1970. Es ist etwas überholt, und einige der damals unter jungen Leuten gebräuchlichen Slangwörter sind heute vergessen. Es ist das letzte, was ich schrieb, bevor ich erleuchtet[8/9] wurde.

Ich wurde um 14.23 Uhr GMT, am 7. September 1970 in Cambridge, England, in einem Raum im ersten Stock auf der Vorderseite von 2 The Terrace, St. Peter's Street[10], unter dem Schatten einer eindrucksvollen Robinie erleuchtet. Ich hatte gerade einen ersten Entwurf des Buches beendet, und natürlich ließ meine Erleuchtung es mich in einem neuen Licht sehen, und ich erkannte, daß das, was ich für wichtig hielt, nicht wichtig war.

Da ich all die harte Arbeit, die ich in das Buch gesteckt hatte, nicht verschwendet sehen wollte, machte ich mich daran, es neu zu entwerfen und so zu „überzaubern"[11], daß es nicht allzu dumm aussah. Was ich jedoch nicht verbergen konnte, war, daß es von einem unerleuchteten Standpunkt kam. Es schlug vor, daß alle Dinge wie globale Überbevölkerung wirklich wichtig seien, die tatsächlich aber seit dem überhaupt nicht wichtig (für mich) sind, da überhaupt nichts wirklich besteht, es überhaupt nichts gibt, das besser oder schlechter gemacht werden könnte.

Du magst dich nun vielleicht fragen, warum ich die „Gesetze der Form"[12] nicht auch für ein schlechtes Buch hielt, da ich zu der Zeit, als ich es schrieb, nicht erleuchtet war. Die Antwort lautet: Weil „Laws" das *Vehikel* ist, das ich für meine Erleuchtung konstruiert habe. Und es kann von anderen für die ihre benutzt werden und wurde so benutzt.

---

[8] *Für jene, die das englische Vorwort nicht gelesen haben. Kursiv gedruckte Fußnoten (wie die folgende) sind vom Autor, alle anderen vom Übersetzer (beide jedoch nicht zu verwechseln mit den Anmerkungen am Ende des Buches). A.B.*

[9] *Unerleuchtete Menschen neigen dazu, sich „Erleuchtung" als eine Art verschwommener, seligmachender religiöser Erfahrung vorzustellen. Warum Menschen jemandem Hochachtung zollen sollten, von dem sie glauben, daß er eine solche Erfahrung besitzt, ist genauso schwer zu begreifen wie die Vorstellung, jemanden fürs Onanieren zu ehren. Glücklicherweise ist Erleuchtung soweit wie nur irgend möglich von religiöser Erfahrung entfernt. Sie ist das klare, bewußte Erkennen von dem, dessen sich Bewußtsein immer bewußt war: was genau die Welt ist und wie sie entsteht. In ihrer höchsten- oder Tathagata-Form beantwortet sie alle allgemeinen Fragen. Sie ist in westlichen Kulturen verboten, weil komplett verwirrte Menschen besser ausgenutzt werden können als solche, die völlig klar sind.*

[10] *Schreibe mir um Himmels Willen nicht an diese Adresse, denn ich besitze dieses Haus nicht mehr, und dein Brief wird entweder zurückgeschickt werden oder, was wahrscheinlicher ist, in der Leere verschwinden. Am besten benutzt du das Telefon. Ich erhalte hunderte von Briefen, die zu lesen ich nicht und zu beantworten noch weniger Zeit habe. Falls du schreibst, mache es kurz, verlockend und auf den Punkt gebracht. Und gebe eine Telefonnummer an.*

[11] Im Original: magicking it all over. Ein Wortspiel aus magick und make over, zaubern und überarbeiten.

[12] *Ich begann den ersten Satz „We take as given ... etc." in Haddenham, Oxfordshire, nahe der Stadt Thame um sieben Uhr morgens am 26. Dezember 1962, nachdem ich zuerst meine Handschrift von einem unleserlichen Doktor-Geschmiere in ein klares mathematisches Skript verwandelt hatte.*

In den „Laws" hatte ich bewiesen, daß wenn eine Unterscheidung gezogen werden konnte, das Erscheinen von „all dem", was wir „Universum" oder „Kosmos"[13] nennen, unweigerlich folgen würde. Was ich zu der Zeit nicht sehen konnte, war: Wenn man mit überhaupt nichts beginnt, wie kann aus diesem heraus etwas erscheinen? Ich konnte nicht sehen, wie jemals eine erste Unterscheidung gezogen werden könnte, wenn nichts gegeben ist.

Die Antwort kam mir, als ich mir die Passage von *Only Two* noch einmal durchlas, in der ich die endgültige Realität mit einer Art unendlich empfindlichen photographischen Film vergleiche. Ich erkannte, daß das einzige „Ding" (also Nichtding[14]), das empfindlich genug wäre, um von einem Reiz, der so schwach ist, daß er gar nicht existiert, beeinflußt zu werden, das Nichts selbst war. Das heißt, Nichts ist das einzige „Ding", das so labil ist, daß es aus eigenem Antrieb „losgehen"[15] kann, das einzige „Ding", das empfindlich genug ist, um durch nichts außer Nichts[16] verändert zu werden.

Wenn nun Nichts nichts verwandeln konnte, haben wir unweigerlich das Erscheinen einer ersten Unterscheidung, und der Rest, inklusive dem unweigerlichen Erscheinen von „all diesem", folgt unweigerlich.

Zu dieser Zeit wußte weder ich noch irgend jemand anderes, daß Sakyamuni zweieinhalb Tausend Jahre früher zu exakt der gleichen Erkenntnis gekommen war. Was ich die „Ausbreitung der Referenz" nenne, bezeichnete er als „Konditionierte Co-Produktion". Er führte korrekt aus, daß diese so fungieren würde, daß ein scheinbares Universum produziert wird, ob nun ein Tathagata[17] erscheinen würde, um dies zu

---

[13]  *Es ist hübsch zu wissen, daß „Der Kosmos" „Das Ornament" bedeutet.*

[14]  Im Original: nonthing.

[15]  Im Original: „go off".

[16]  Man könnte auch sagen: durch nichts außer sich selbst.

[17]  *Genaugenommen ist Tathagata (Sanskrit = „So gekommen" oder „So gegangen") keine Person, sondern ein Amt, das von Zeit zu Zeit mit einem menschlichen Amtsträger besetzt ist, der selbständig die Gesetze der Form erforscht und sie in seiner Muttersprache und in der seinem Zeitalter angemessenen Weise lehrt. Der englische Dichter Rupert Brooke beschreibt in einem „Failure" (Mißlingen, Scheitern. A.B.) betitelten Sonett, wie er dieses Büro betrat und sich der Aufgabe, den dortigen Thron zu besteigen, nicht gewachsen fühlte. Am 4. Januar 1992 betrat ich das Büro und übernahm das Kommando. Ich hatte eine schwere Schlacht mit den „Wächtern" erwartet und war überrascht, das Büro unbewacht vorzufinden. Später erkannte ich, daß es niemals bewacht wird, weil kein Wesen ihm etwas vortäuschen kann.*
*Gewöhnliche Menschen, die glauben, ich würde ein physisches Büro auf der Erde beschreiben, schauen natürlich in die falsche Existenzebene. Gewöhnliche Leute glauben auch, Prinz Charles verbeugt sich vor seiner Mutter. Kein Sohn verbeugt sich jemals vor seiner Mutter. Der Prinz erweist dem Office of Monarch seine Ehrerbietung, dem irdischen Staatsgeschirr, das aus bloßen Emblemen einer realen Formalität besteht, die an einem Ort existiert, der dauerhafter als seine physischen Embleme ist.*
*Ganz ähnlich muß ich hier für mein Training, effektiv in der physikalischen Realität zu sein, ein physisches Büro etablieren, das eine Reihe von Schulen, Hochschulen, Institutionen, Stipendien und Studienbeihilfen unterstützt. Wenn du mit einem Geschenk (auch Gabe, Begabung. A.B.), einer Erbschaft oder freiwilligen Diensten jeder Art helfen willst, rufe bitte an oder schreibe:*
*Professor G- Spencer-Brown, President - The Sentinel Trust for Creative Education*
*156 West Common, Horningsham, Warminster, BA 12 7 LT England, Phone +44 (0) 1985 844 855*

erklären, oder nicht. Er sagte, das Lehren würde möglicherweise vergessen werden - und dies ist es tatsächlich - doch wenn dies geschehe, würde ein Nachfolger erscheinen und es wiederentdecken.

Jahrelang schämte ich mich für *Only Two* wegen seines unerleuchteten Standpunktes. Aber als der Bohmeier Verlag die Vision hatte, mich zu fragen, ob er es in Deutsch neu herausbringen könne, las ich es erneut und war erstaunt zu sehen, wie gut es eigentlich ist. Es mag nicht ganz erleuchtet sein, aber es behandelt ein schwieriges Thema wirklich feinfühlig und einfach.

Und außerdem ist es sehr lustig.

**G. Spencer-Brown**
**London**
**07.27 Uhr, 05.02.1994**

---

*Bei Inlandstelefonaten muß natürlich die das Land kennzeichnende Vorwahl weggelassen und stattdessen eine Null vor den folgenden Zahlen gewählt werden. (Das „ + " mag von Land zu Land verschieden sein. Zum Beispiel muß man, um von Deutschland nach England zu telefonieren, 0044 wählen, während man 01049 wählen muß, um von England nach Deutschland zu telefonieren).*

*Wenn Du eine Mitarbeit anbieten willst, solltest du deinen Namen, Datum und Ort deiner Geburt sowie die lokale Zeit der Geburt, soweit bekannt, angeben. Du solltest alle Adressen und Telefonnummern, unter denen du eventuell erreicht werden kannst, sowie alle deine Hauptinteressen und Fähigkeiten angeben. Wenn du nur eine Spende machen und auf keine weitere Art behilflich sein möchtest bzw. deine persönlichen Daten nicht preisgeben willst, stelle einfach einen Scheck aus, zahlbar an G. Spencer-Brown (Sentinel Trust Account), und schicke ihn mir ggf. mit der Anmerkung, daß die Spende anonym bleiben soll.*

*Wenn du deine freiwilligen Dienste anbietest, gib bitte zusätzlich zu deinen Interessen und Fertigkeiten auch an, was du vielleicht gerne tun würdest. Z.B. Rechtsberater, Pressesprecher, Büromanager, Dolmetscher, Persönlicher Assistent. In diesem Fall solltest du so viele Informationen über dich angeben, wie du kannst, inklusive ob du vielleicht bereit wärst, umzusiedeln.*

*Sei beharrlich und rufe an, wenn du meinst, daß du ignoriert wirst. Wahrscheinlich wirst du ignoriert, da ich zur Zeit noch den höchst wichtigen Posten des Persönlichen Assistenten ausfüllen muß, ein Job, der so anspruchsvoll (fordernd. A.B.) ist, daß ich glaube, er kann nur durch Magie erledigt werden. Wenn du meinst, du wärst der Richtige, trete kühn hervor. Ich werde dich weder auffressen noch dir das Gefühl geben, abgewiesen zu werden, falls ich glaube, du packst es nicht. Es gibt ganz sicher etwas Sinnvolles für dich zu tun, wenn du interessiert und willens bist, geschult zu werden.*

*Jedes Wesen jeden Alters oder jeden Geschlechts, das glaubt, seine oder ihre (im Original auch „its" für seine = Neutrum. A.B.) moralische, erzieherische oder religiöse Umgebung hätte dazu beigetragen, die Welt zu einem weniger als zufriedenstellenden Ort zu machen, ist bereit, meiner Schulung zu folgen - dem TARATI® -Training.*

*Wie jede/r tarati-geschulte Absolvent dir bestätigt, wird die Welt zu einem absoluten Abenteuerspielplatz. Du wirst sie nie wieder langweilig oder dumpf finden müssen oder den Eindruck haben, daß deine Talente unterbewertet und vergeudet werden.*

***Heidelberg, Sankt Valentinstag, 1994***

# Vorwort

Wenn du wie ich in einer westlichen Kultur großgezogen wurdest, mit der Lehre, daß es für alles eine wissenschaftliche Erklärung gibt, dann gibt es bestimmte Ideen, die du nicht wissen darfst.

Diese Ideen sind so alt und weitverbreitet wie die Zivilisation selbst. Aber deine Erziehung hat dich so programmiert, daß immer, wenn du von einer solchen hörst oder über sie liest, ein eingebauter Reflex in Gang gesetzt wird, der „Mystischer Quatsch" oder „Verrückter Unsinn" schreit.

Menschen, die diese Ideen ein wenig studiert und vielleicht einige der später genannten Bücher gelesen haben, wissen natürlich, daß diese weder völlig verrückt noch komplett mysteriös sind. Doch wenn wir über sie reden wollen, werden wir alle durch eine große Lücke in unserer Erziehung behindert - wir haben keine anerkannte Methode.

Natürlich stimmt es, daß alles wissenschaftlich erklärt werden kann. Es kann auf diese oder eine andere Art erklärt werden. Doch das hat seinen Preis. Und mit Preis meine ich etwas Ernsteres als Geld.

Wir sind vielleicht gerade dabei zu erkennen, was uns unsere wissenschaftliche Erkenntnis kostet. Daß die Vorteile, die sie uns bietet, bezahlt werden müssen. Und daß der Preis höher ist, als wir dachten.

Die Ironie ist die, daß der Preis wissenschaftlicher Erkenntnis schon immer deutlich sichtbar vor uns lag; und die grausame Verwicklung besteht darin, daß der Ort, an dem sich dies abspielt, eben jene Bücher sind, die von der Wissenschaft beharrlich als „nicht-wissenschaftlich" angesehen werden.

Begibt sich jemand erst einmal in die wissenschaftliche Maschinerie, akzeptiert er erst einmal die Lehre, was wissenschaftlich ist und was nicht, befindet er sich in einer narrensicheren Falle. Er hat einen Vertrag akzeptiert, dessen Preis er, vom Moment seiner Unterschrift an, niemals kennen kann.

Beginnen wir mit einigen Definitionen. Was verstehen wir unter „Westlicher Kultur"? Ich nehme an, wir meinen damit die - zumindest dem Namen nach christliche - Lebensart zivilisierter Einwohner Russlands, Europas, besetzter Gebiete von Afrika, Islands, Nord- und Südamerikas, Neuseelands, der Philippinen und besetzter Gebiete Australiens. Dies steht im Gegensatz zu „Östlichen" Kulturen, die größtenteils aus Buddhistischen, Confuzianischen, Taoistischen und Hinduistischen Zivilisationen bestehen. Gegenwärtig gibt es annähernd eine Milliarde Menschen in jeder dieser beiden Gruppierungen und etwa ebensoviele in Kulturen, die irgendwo dazwischen angesiedelt sind wie die davon weitverbreitetste des Islam.

Und was meinen wir mit „zivilisiert"? Nun, wenn wir dem Wort zu seinen Wurzeln folgen, dann sehen wir, daß es schlicht bedeutet, in Städten zu leben.

Jede Zivilisation hat ihre Kultur. Obwohl die Kultur unserer westlichen Zivilisation vielerlei Ursprungs ist, hat sie zwei Hauptwurzeln: Unsere religiösen

Vorstellungen beziehen wir von den frühen Juden und unsere wissenschaftlichen von den alten Griechen.

Frühe Juden und alte Griechen hatten folgendes gemeinsam. Sie waren frauenfeindlich. Jedoch nicht auf dieselbe Art und Weise.

Die Juden waren in ihrer Religion frauenfeindlich. Wenn man es kritisch betrachtet, ist der Himmel, hinter dem sie her waren, im hohen Maße eingeschlechtlich - mit der Betonung auf Männlichkeit.

Die Griechen waren auf eine weltlichere Art frauenfeindlich. Im Himmel billigten sie Göttern und Göttinnen die gleichen Rechte zu, aber auf Erden waren sie, frei heraus, homosexuell. Sie glaubten, daß nur Männer eine Seele hätten und daß es demzufolge entwürdigend sei, eine Frau, die grundsätzlich keine Seele besitzt, zu lieben.

Überraschenderweise ist nun das Merkmal, welches unsere Kultur von diesen beiden Wurzeln jeweils übernahm, in beiden Fällen das frauenfeindliche. Wir übernahmen unsere Wissenschaft von den Griechen und unsere Religion von den Juden. Und damit begannen wir das Leben mit einer eingebauten doppelten Degradierung eines unserer beiden Geschlechter.

Wie ich bereits sagte, ist das überraschend. Was angesichts dieser seltsamen Art, das Leben zu beginnen, nicht überrascht, ist, daß wir heute in tiefen Schwierigkeiten stecken.

Seite an Seite mit der unseren existieren immer noch Kulturen, die nicht auf diese Art die Hälfte ihres Potentials verloren haben und die sich beider Seiten der Dinge noch sehr bewußt sind. Sie sind sich der pompösen, militärischen, formellen, eindrucksvollen, idealistischen und vollkommen humorlosen maskulinen Seite bewußt, aber gleichermaßen auch der vertraulichen, heimlichen, zwanglosen, intuitiven, regenerierenden und urkomischen femininen Seite, der sie die gleiche Wichtigkeit beimessen. Und diese Seite ist es, die uns unsere Kultur nicht ernst zu nehmen erlaubt. Leider!

Andere Kulturen erlauben dies. Unsere nicht. Die Himmel anderer Völker sind voller weiblicher Wesen mit komplementärem Status zum Männlichen und voller Komplikationen in Hülle und Fülle. Der unsere heißt so etwas nicht gut. Offiziell wird es mißbilligt.

Natürlich haben Dichter das immer ausgegraben. Wir holen es uns aus der Muse. Daher Musik. Und beachte, daß Muse etwas Weibliches ist. Sie ist kein Gott, sondern eine Göttin.[18]

Doch schon bald - in unserer Kultur - werden auch die Dichter mißbilligt. Selbstverständlich. Jeder, der närrisch genug ist zu glauben, eine Frau hätte irgend etwas Vernünftiges zu sagen, muß verrückt sein. Sie müssen scherzen.

---

[18]   In diesem Zusammenhang mag interessant sein, daß das Verb to muse mit „nachsinnen" übersetzt wird, während sein Gegenteil, to amuse, „amüsieren" bedeutet.

12

In der Tat. Scherzen. Aber hält irgendwer jemals inne, um darüber nachzudenken, daß ein Scherz nicht im geringsten lustig ist, wenn er nicht wahr ist?

Diese anderen Kulturen, jene, die beiden Seiten der Existenz die gleiche Wichtigkeit beimessen, haben wir aus unserer einseitigen Sichtweise heraus schwerstens verdorben. Wie es kommt, daß eine Halb-Kultur eine vollständige Kultur verderben kann, werde ich weiter unten behandeln.

Seit einigen Jahren spüre ich die Notwendigkeit für einen Autor, aufgewachsen in der westlichen Tradition und mit wenigstens einem professionellen Grad an Kompetenz in mehr als einer Wissenschaft ausgestattet, sein Bestes zu versuchen, um die Kluft zwischen diesen beiden Seiten menschlicher Natur zu überbrücken. Wir müssen, so scheint es mir, eine Perspektive zwischen Formellem und Informellem, zwischen Männlich und Weiblich, West und Ost, zwischen Philosophie und Religion des Handelns und der Nicht-Philosophie und Nicht-Religion des Seins verwirklichen.

Es ist schwierig, darüber zu schreiben. Das Thema ist umfangreicher als Wissen. Es ist so groß wie das Leben selbst und benötigt genauso lange, um gelernt zu werden. Kein Buch darüber kann allzuviel von ihm enthüllen. Das so ziemlich einzige, was ein Buch bewirken kann, ist, die Tür zu öffnen. Zumindest ein wenig.

Dieses Buch entstand nicht aus diesem Plan heraus. Es war ein Zufall.[19] Es wurde in der Folge eines sehr unglücklichen Ereignisses für mich und das Mädchen, das ich heiraten wollte, geschrieben. Was passierte, wird später beschrieben. Für den Moment genügt es zu sagen, daß es den Bruch unserer Verlobung bedeutete. Nicht, weil wir uns nicht liebten oder nicht zusammen paßten - wir taten beides - sondern aus Gründen, die - mir zumindest - fürchterlich falsch vorkamen.

Nach diesem Ereignis war ich voller Mutlosigkeit. Ich wußte, daß mein Elend eine Art Mixtur aus Wut und Selbstmitleid war, aber es schien, als gäbe es nichts, was ich hätte tun können, um es zu beenden. Ungeachtet all meiner Versuche, seiner Sklaverei zu entfliehen, hielt es mich mit schraubstockartigem Griff. Meine Freunde fürchteten, ich könnte sterben. Ich glaubte, ich würde. Ich mußte mich bewußt zum Schlafen, Essen usw. durchringen. Das einzige, was ich spontan tun konnte, war schreiben.

Wenn ich heute darauf zurückschaue, wünschte ich mir, das Buch wäre vielleicht gelassener entstanden. Doch dann hätte es möglicherweise zwar weniger Fehler, wäre aber andererseits auch weniger unterhaltsam.

Wir ertragen fast ohne zu zittern das Wissen, daß das Universum möglicherweise zusammenbrechen wird. Wir betrachten mit mehr Besorgnis die Tatsache, daß unser Sonnensystem eines Tages aufhören könnte, Leben zu tragen. Und noch weniger reizvoll ist der Gedanke, daß sich die Erde schon bald nicht mehr dazu eignen könnte, auf ihr zu leben. Und schlimmer als dies: Unser Land könnte eine schlechte Zahlungs-Bilanz aufweisen. Noch schlimmer: Ein Mitglied unserer Familie könnte in einen Skandal verwickelt sein. Und noch schlimmer: Man

---

[19]  Accident; auch Unfall, Unglück.

könnte krank werden und sterben. Aber was ist schrecklicher, als von seiner Geliebten getrennt zu sein?

In diesem Buch breche ich zwei ungeschriebene Gesetze. Ich versuche erstens, etwas Positives zu sagen. Und zweitens spreche ich von meiner eigenen Erfahrung.

Wenn du ein modernes wissenschaftliches Buch liest, sagen wir über Psychologie, würdest du glauben, daß der Autor nicht die geringste eigene Erfahrung besitzt. Ich weiß, daß der Grund, den man für diese seltsame Auslassung angibt, der ist, daß man hinsichtlich seiner eigenen Erfahrungen leicht voreingenommen und daher nicht „objektiv" sein könnte. Doch wenn du deinen eigenen Erfahrungen gegenüber nicht aufrichtig sein kannst, wie zur Hölle kannst du dann erwarten, den Erfahrungen anderer gegenüber aufrichtig zu sein? Und wenn du glaubst, du könntest dich bezüglich deiner eigenen Erfahrungen leicht irren, um wieviel leichter könntest du dich dann bezüglich der Erfahrungen anderer irren, von denen du - definitionsgemäß - keinerlei Erfahrungen hast?

Was den Punkt betrifft, etwas Positives zu sagen: Wenn du heutzutage an eine Universität gehst, wirst du feststellen, daß dies schlicht und ergreifend nicht getan wird. Warum nicht? Nun, aus einem einzigen Grund: Weil es so viel einfacher ist, negativ zu sein.

Der Witz bei modernen Philosophielehrern, die sich selbst Positivisten nennen, ist der, daß das, was sie lehren, gänzlich negativ ist. Gib einem dieser „Positivisten" etwas wirklich Positives, ein Gedicht oder etwas anderes aus der Erfahrung heraus Geschriebenes; was macht er damit? Er reißt es in Stücke. Aber durchforsche seine eigene Arbeit, und du wirst sehen, daß er nichts zu sagen hat. Er tut, was seine eigene Erfahrung der Dinge betrifft, überhaupt nichts. Seine ganze literarische Tätigkeit besteht nur aus Plünderei[20].

Natürlich kann alles, was positiv ist, in Stücke gerissen werden. Alles, was positiv ist, hat sich selbst verletzlich gemacht. Es hat sich selbst so weit es konnte, mit Fehlern usw., ins Dasein gebracht. Eine Lilie ist positiv. Ebenso ein Kind und die Liebe. Alle drei können sehr einfach in Stücke gerissen werden. Und keines von ihnen kann so leicht wieder zusammengesetzt werden.

In der Geschichte dieses Planeten ist der Mensch seit den letzten neuntausend Jahren mit wissenschaftlicher Arbeit beschäftigt gewesen. Mit welchem Ergebnis? Er kann Unkrautvernichter herstellen, aber kein Unkraut.

Gehe die Hauptstraße einer beliebigen großen Stadt entlang. Schaue in die Gesichter der vorbeigehenden Leute. Was siehst du? In vier von fünf Fällen siehst du Schmerz. Vielleicht sind sie sich dessen bewußt, vielleicht auch nicht. Er ist jedenfalls da, klar sichtbar.

---

[20]  Oder: Beutemacherei.

Wenn wir wollen, können wir es bis zum bitteren Ende bringen. Wir können die Tragödie durchspielen, bis zum letzten Vorhang. Niemand wird uns aufhalten.

Gleichwohl, es gibt wirklich nichts, was uns davon abhalten könnte, die Bühnenregie neu zu schreiben.

**James Keys**[21]
**Cambridge England**
**St. Patrick's day, 1971**

---

[21] Unter diesem Pseudonym von George Spencer-Brown wurde „Only Two" ursprünglich publiziert.

Children of the future Age
Reading this indignant page,
Know that in a former time
Love! Sweet Love! was thought a crime

(William Blake)


Lest ihr diese empörte Seite,
künftiger Zeiten Kinderschar,
Wisset, daß in früheren Zeiten
Liebe eine Schande war

(William Blake)

# Einleitung

Wie gewöhnlich suche ich mir einen Sitzplatz gegenüber einem nett aussehenden Mädchen aus. Ich erinnere mich daran, daß es Hemingway las. Es schaute hoch zu mir, und das war's. Flash.

Als der Zug am Bahnhof Liverpool Street hielt, stiegen wir aus und tranken einen Kaffee in der dortigen düsteren Snack-Bar.

Wir sprachen nicht. Wir berührten uns auch nicht. Wir schauten uns nur gegenseitig an.

Ich wollte meine nächste Verabredung sausen lassen. Ich wollte ihr sagen: „Nimm nicht deinen nächsten Zug, komm zu mir nach Hause."

Was für ein Narr ich doch war. Ängstlich, meine Gefühle auszudrücken, weil diese sie vielleicht vergrault hätten. Vielleicht hätten sie das. Doch es war sowieso egal. Ich nahm meine nächste Verabredung wahr, und sie nahm ihren Zug. Von Paddington.

Während ich meine Verabredung einhielt, wünschte ich mir die ganze Zeit, ich würde es nicht tun. Als diese beendet war, ging ich geradewegs nach Paddington zurück und suchte den ganzen Bahnhof ab. Für den Fall, daß sie ihren Zug verpaßt hatte. Sie hatte ihn nicht verpaßt. Und ich wußte, daß sie ihn nicht verpassen würde. Aber es schien mir dennoch richtig, nach ihr zu suchen.

Da wir unsere Adressen ausgetauscht hatten, schrieb ich ihr. Ich berichtete ihr, daß ich nach Paddington zurückgegangen war, für den Fall, daß sie ihren Zug verpaßt hätte. Sie schrieb zurück und teilte mit, daß sie wünschte, sie hätte ihn verpaßt. Wir schrieben uns erneut. Liebesbriefe. Ich hatte vorher noch niemals einen geschrieben.

Innerhalb eines Monats entschied sie sich, die Universität zu verlassen und zu mir zu kommen, um mit mir zu leben. Ein paar Tage später bat ich sie, mich zu heiraten, und sie willigte ein. Es schien unvermeidlich.

Wir hatten vorher nicht ans Heiraten geglaubt. Wir betrachteten es als gefährlich, weil es den Menschen das Recht raubt, ihre eigenen Leben zu leben. Wenn sich verheiratete Menschen auseinanderleben, kommen ihre Angelegenheiten vor einen fingerwedelnden Friedensrichter. Doch jetzt schien das kein Thema zu sein. Wir spürten, daß wir keine Wahl hatten. Der Entschluß schien nicht mit uns zu sein, aber mit dem Himmel, und wir dachten, wir würden es auch unseren Eltern recht machen und das gesellschaftliche Bedürfnis akzeptieren, es auf die „richtige" Art zu tun.

Man sagt, Liebe ist blind. Was wir übersehen hatten, war, daß für eine normale Familie an erster Stelle steht sicherzustellen, daß ihre Kinder ihr nicht völlig verloren gehen. Die Familie des Mädchens war nicht so begeistert davon, daß es „überwältigend glücklich" war (wie es ihren Eltern schrieb), ihr ging es eher darum, bei der Frage, wen und wann es heiratet, ein Wörtchen mitzureden. In der Ehe als gesellschaftlichem Vertrag, der in Hinsicht auf die enormen persönlichen und sexuellen Eifersüchte der beiden beteiligten Familien vereinbart wird, ist es als Teil der Zahlung in dem Geschäft üblich, daß der neue Zusammenschluß nicht so fest sein soll, daß die ursprünglichen Familien keine Fäden mehr in der Hand haben, mit denen sie ein gewisses Maß an Kontrolle ausüben können.

Die Familie meiner Geliebten spürte, und nicht ohne Grund, daß sie für sie verloren wäre, wenn sie mich heiratete. Sie hatten etwas dagegen, daß wir, ohne von der Kirche gesegnet zu sein, zusammen lebten, und sie taten alles, was in ihrer Macht stand, um zu verhindern, daß diese Heirat jemals stattfindet. Schließlich nahmen sie das Mädchen mit sich, nachdem sie ihr kurz und heftig zugesetzt hatten. Sie wurde wieder auf die Uni geschickt, um ihre akademische Ausbildung zu Ende zu bringen, und man überzeugte sie davon, daß es „in ihrem eigenen Interesse" wäre, ihre Verlobung mit mir zu lösen.

Wenn unsere Liebe so einfach für diese persönlichen und akademischen Zwecke geopfert wurde, dann konnte sie auch veröffentlicht werden. So könnten wenigstens andere von unserer verpatzten Liebe profitieren.

Nach altem Brauch gibt es einen Ort, der Paradies genannt wird.

Statt es als Ort anzusehen, ist es ebenso wahr wie bisweilen praktisch, es als einen Geisteszustand zu betrachten.

Betrachten wir das Paradies auf diese Weise, ist es vielleicht einfacher, die Möglichkeit für jedes Wesen zu sehen, es überall und zu jeder Zeit zu erreichen. So kann ein menschliches Wesen - was der tiefsten christlichen Lehre schon immer bekannt war - das Paradies auf Erden erreichen.

In östlichen Regionen betrachtet man dies etwas anders. Man spricht dort von vielen Paradiesen, und man sagt, daß unser christlicher Himmel nur eines von ihnen ist. Doch Osten und Westen stimmen darin überein, daß man es auf Erden erreichen kann.

Alle Künstler, an jedem Ort und zu jeder Zeit, sind sich dieser Tradition bewußt. Und jeder einzelne von ihnen verfolgt, wenn er seine Disziplin weit genug entwickelt hat, das Ziel, selbst dort hin zu gelangen und, wenn er kann, eine Botschaft von dort aufzuzeichnen.

Dieser Zustand oder Ort (wie immer du es nennen willst) wird vom Künstler erreicht, wenn dieser allein ist, wenn er sich so weit wie möglich von den ablenkenden Einflüssen der Umwelt zurückgezogen hat.

Mir ist nun klar geworden, daß man nicht allein sein muß. Zwei Menschen können, jedoch auf völlig unterschiedliche Weise, zusammen eine Reise zum Paradies unternehmen.

Na klar, na klar. Der wohlbekannte Zauber der Liebe. Nun, liebe/r LeserIn, wenn du ihn kennst und mit dem Weiterlesen aufhören willst, bitte sehr. Doch ich finde, er ist nicht so bekannt, wie du vielleicht glaubst, schon gar nicht in unserer gegenwärtigen, stark überinformierten Gesellschaft.

Wenn du zu einem Mädchen sagst: „Ich liebe dich", denkt es, daß du Sex meinst. Sex wird in der Schule gelehrt, aber Liebe ist ein absolut tabuisiertes Thema und ein komplett verbotener Gegenstand. Liebe ist so verboten, daß die meisten von uns vergessen haben, was sie ist oder gar, daß es sie gibt.

Es ist möglich, die Liebe zu kennen und dennoch die Erfahrung einer absoluten Beziehung zu versäumen. Wenn die Liebe einen bestimmten Grad an Vollständigkeit überschreitet, findet ein Wechsel in der Beziehung der Liebenden zueinander statt, und das, was zuvor magisch war, wird ersetzt durch etwas Wunderbares. In diesem Buch versuche ich, eine Beschreibung dieser Erfahrung, individuell, gemeinschaftlich und kosmisch, zu liefern, über den Moment, wo Liebe diesen magischen Punkt überschreitet. Ich komme mir bezüglich dieser Aufgabe so unzulänglich vor, daß ich mich eigentlich entschuldigen sollte, es überhaupt zu versuchen, doch bin ich gezwungen zu berichten, aber du, liebe/r LeserIn, bist nicht gezwungen, es zu lesen, wenn du nicht willst. Ein Mann nähert sich einer Frau für gewöhnlich wegen ihrer körperlichen Attraktivität, und zwar in der Regel auf ihrem Zenit zwischen 14 und 24. Wenn er darüber nicht hinaus kommt, wird er aufhören, etwas für sie zu empfinden, wenn sie ihre gute Figur verliert.

Um eine Frau mit Erfolg zu heiraten, muß der Mann eine Gesamterfahrung von ihr haben; er muß dazu kommen, sie ebenso in der Zeit wie im Raum zu sehen und zu akzeptieren. Er muß neben seiner Liebe, die er wegen ihres jetzigen Reizes entwickelt, auch die Liebe zum Kind und Baby entwickeln, das sie einst war, und ebenso zu der Frau in den mittleren Jahren und dem alten Weib, das sie einmal sein wird. Das heißt aber nicht, daß er, falls er sie zum Beispiel erstmals als Frau in den mittleren Jahren trifft, den Zugang zu dieser Sichtweise damit automatisch schon gefunden hätte. Die Natur hat ihre eigenen Anlässe, das Zeit-Tor der Frau zu bilden, aber ist der Mann durch es hindurchgetreten, kann und muß er zum gesamten Wesen der Frau weitergehen, oder es wird keine wirkliche Heirat, sondern nur eine vorübergehende Affäre stattfinden.

Vor dieser speziellen Begegnung hätte ich, wenn ich gefragt worden wäre, wahrscheinlich gesagt, daß ich diese totale Erfahrung kenne. Immerhin bin ich ein Poet, und so wird dies von mir erwartet. Aber in Wirklichkeit kannte ich diese Erfahrung nicht. Und zwar nicht aus Mangel an früheren Begegnungen mit dem anderen Geschlecht, wie aufschlußreich und entzückend diese auch waren.

In früheren Begegnungen, in denen jeder von uns etwas Bestimmtes lernen oder vergessen mußte, ging das Engagement nicht ernsthaft über diesen Punkt hinaus. Sicher, die Beziehungen wurden mit den freundlichsten Absichten eingegangen, aber wir rechneten nie mit einer dauerhaften Verbindung, und sie waren es dann auch nicht. Wenn es zu Trennungen kam, waren diese freundschaftlich. Es wurde nicht viel gelitten, und wir blieben Freunde.

Früher dachte ich, das wäre alles und daß verheiratet sein bedeutete, auf diese Art zusammen zu sein oder es zu versuchen, nur eben ziemlich viel länger als gewöhnlich. Schließlich glaubt man natürlich, wenn man das Wirkliche nicht kennt, daß das, was man weiß, das Wirkliche ist.

Doch jetzt war das anders. Frühere Lieben schienen im Vergleich zu dieser mager und homosexuell. Unsere Kultur beschränkt uns allzusehr auf die Ähnlichkeit sexueller Verhältnisse - diese „Wir-sind-alles-gute-Freunde"-Komödie - daß wir leicht den magischen Unterschied übersehen, den Unterschied, der es Frauen und Männern tatsächlich *unmöglich* macht, wirklich kumpelhaft zusammen zu sein, der uns aber nichtsdestoweniger die Chance gibt, sehr viel mehr zu sein.

Einige von uns müssen mehr lernen oder möglicherweise auch vergessen als andere. Jedenfalls scheint es mir für die Menschen wichtig zu sein, sich selbst und sich gegenseitig ausprobieren zu können und etwas über die Möglichkeiten und Unmöglichkeiten des Zusammenlebens zu lernen, ohne sich damit sofort in einen

Vertrag zu stürzen, der wegen seiner in ihm angelegten Vorkehrungen nur schwer zu brechen ist und ohne extreme Häßlichkeiten kaum ungeschehen gemacht werden kann.

Selbst heutzutage wird es immer noch als Sünde angesehen, zusammenzuleben, ohne offiziell verheiratet zu sein. Etwas Sex ist vielleicht OK, aber zusammen zu *leben*, nun, was werden die Leute *denken* usw. Deshalb bin ich mir sicher, daß es heute viele verheiratet zusammenlebende Leute gibt, die lieber nur zusammenleben sollten. Die Scheidungsgerichte bestätigen dies jedenfalls.

Je mehr Ratschläge du bekommst, desto unwahrscheinlicher wird es zu erkennen, was deine Beziehung dir bieten kann. Wenn alles gesagt und getan worden ist, bist *du* derjenige, der eine Partnerin heiratet, nicht deine Schwester, dein Vater, deine Mutter, dein Bruder oder dein Freund.

Die Person, die wirklich zu dir paßt, kannst du immer erkennen, doch es mag einige Zeit benötigen, sie zu finden. Der Familienstand, den dir eine solche Person überträgt, ist der, dem du wirklich angehörst. Nur du weißt dies, aber bis du die richtige Person findest, bist du dir dessen möglicherweise nicht völlig bewußt.

Eine Person zu treffen, die wirklich zu dir paßt, ist so selten, daß es extreme Eifersucht bei anderen Menschen erzeugt, speziell bei jenen, die dir nahe stehen oder dir lieb sind. Deshalb solltest du diese Tatsache mit Rücksicht auf deren Gefühle und aus Gründen der Fairneß dir selbst gegenüber nie zur Schau stellen.

Jetzt, da ich es verloren habe, kann ich ein Lied darüber schreiben und zu ihm tanzen. Aber du, liebe/r LeserIn, solltest niemals ein Lied darüber schreiben und zu ihm tanzen, wenn du es gefunden hast, es seie denn, du willst es auch verlieren. Du mußt dich stiller als eine Maus verhalten. Und deine Partnerin ebenso. Es ist dein Geheimnis. Und wenn du willst, daß das so bleibt, mußt du es für dich behalten. Es ist überhaupt nicht notwendig, irgend jemanden davon in Kenntnis zu setzen, daß deine Beziehung mehr ist als das Normale und Eintönige. Du kannst heiraten, wen du willst. Du mußt das niemandem begründen. Und falls du es doch mußt, kannst du ein paar dumme Gründe angeben wie zum Beispiel, daß du seine/ihre Frisur, Kleidung, Intellekt bewunderst, oder irgendwelche anderen Schwindeleien. Gründe können zur Geisel werden, deshalb vergewissere dich, daß du keine von dir gibst, die geäußert zu haben dir später leid tun könnte.

All die tragischen Liebenden in der Literatur plauderten ihre Liebe aus. Sie erzählten von ihr. Wenn du dich nun in der Situation befindest, dich zu einer anderen Person stark hingezogen zu fühlen, und wenn du weißt, daß du darüber nichts verlauten zu lassen brauchst, wie kannst du dann sicher sein, daß dies die wirklich wahre Beziehung *ist*? Die Antwort ist: Wenn du nur den geringsten Zweifel daran hast, dann ist sie es nicht.

Ich vermute, daß viele Leute, die zu dieser Art von Beziehung gekommen sind, diese so wie wir durch Indiskretion wieder verloren haben. Und sie leiden still. Schließlich schreibt nur ein Dichter ein Lied oder einen Tanz über das, was andere Leute mit unartikulierter Zurückhaltung akzeptieren. Wer könnte behaupten, daß ihr Schweigen weniger edel ist als dessen Lied?

Einige Leute vertreten die Ansicht, das Paradies absoluter Liebe sei kein Zustand, der fast beliebig lange aufrecht erhalten werden könnte, schon gar nicht von menschlichen

Wesen. Ich bin davon nicht überzeugt. Es ist zwar wahr, daß es große Disziplin erfordert, sie aufrecht zu erhalten, aber der Mensch kann, wenn auch selten, diese große Disziplin aufbringen. Wir müssen uns vergegenwärtigen, daß jedes Paar, das diesen Zustand aufrecht erhält, vorgibt, es nicht zu tun. Somit könnte es sich hier um einen Fall handeln, wo die öffentliche Lehre immer im Gegensatz zur privaten Praxis steht.

Natürlich gibt es Paare, die auch ohne diese Erfahrung glücklich sind. Ich glaube nicht, daß viele Leute, die ich kenne, in totaler Liebe aufgehen, und ich glaube auch nicht, daß sich viele ein derartiges Arrangement wünschen. Damit zu beginnen, ist schließlich nicht nur eine intellektuelle Erfahrung. Analytische Diskussionen scheinen eher unglaublich lustig zu sein, oder sie sind, ernster betrachtet, Gift dafür.

Obwohl wir überdurchschnittlich intelligent waren, verspürten sowohl meine Herzensdame als auch ich eine Abneigung gegen das rein Intellektuelle, sodaß wir tatsächlich eine Verbindung willkommen hießen, die uns von einigen seiner schlimmsten Unmäßigkeiten zu erlösen schien.

Weil dies so ist, scheint es einem, als könnte man, so man will und genügend Glück hat, einen Partner finden und sich dann mit ihm oder ihr ins Paradies begeben, ohne zuerst durch die Schmerzen des Fegefeuers zu gehen. Das wichtigste Erfordernis scheint zu sein, daß der Partner perfekt passen muß oder diesem Ideal zumindest so nahe kommt, daß die kleine Abweichung davon unwichtig ist.

Wie funktioniert das? Nun, das Zusammenpassen, die Schlüssel-Schlüsselloch-Affinität scheint die Antwort zu sein. Die Egos oder äußeren Persönlichkeiten der Partner werden durch die enorme Affinität des Passens verschoben, wenn die beiden inneren Selbste sich zusammenschließen. Wenn du dich allein zum Paradies begibst, mußt du zuerst durch fürchterlichen Schmerz gehen, da jeder Schorf des Ego entfernt wird. Doch wenn du mit einem Partner gehst, wird dein unerfahrenes, neues inneres Selbst sofort eingepaßt in und angepaßt an das ebenso egolose Selbst des anderen, wo es Nahrung, Schutz und eine revitalisierende Kommunion mit seinem eigenen Spiegelbild erhält.

Liebe/r LeserIn, ich kann dir unmöglich sagen, was im Himmel los ist. Ich kann dir nur empfehlen, eines Tages selbst dort hinzugehen und selber nachzusehen. Organisiere dir eine Einladung. Es ist wahnsinnig komisch. Dort gibt es Mr. Forsytes und Mrs. Grundys, so wie überall sonst auch, nur viel größer und wichtiger und multidimensional und sorgfältig bekleidet, und jeder ist sich voll bewußt, was er, sie, es und alles andere vorhaben, weil jede Person und jedes Ding, obwohl offensichtlich getrennt, zugleich unter einem verborgenen Aspekt ein und dieselbe Person und Sache ist. Somit kann niemand irgend eine Stellung für eine bestimmte Zeit halten, ohne in Gelächter auszubrechen. Die gesamte manifestierte Welt, mit dem armen, ernsten, aufgeblasenen, wichtigen kleinen Mann, der sich leicht taumelnd auf die siebte Ebene vom Zentrum aus gesehen, das überall ist, gesetzt hat, kommt in der unbeschreiblichsten, unvermeidlichen Art, die eigentlich der Form und dem Inhalt nach die einzig mögliche ist, aus dem Nichts in der Mitte von allem herausgewirbelt. Nichts wird dem Zufall überlassen, und zwar genau aus diesem Grund: *Wenn* wir darauf bestehen, Nichts *in* ein *Etwas* zu *verwandeln*,[22] dann *ist* all *dieser* Unsinn das *einzige*, was *Nichts wirklich* sein kann.[23]

Wenn nicht, lieber Herr, liebe Dame, was zum Teufel glaubst du, was dieses riesige, bedeutungslose Universum *ist*, und wie zur Hölle glaubst du, ist es hier her *gekommen*[24], woher, verdammt, glaubst du, *kam* es, und wohin, glaubst du, noch mehr verdammt, *geht* es hin, und warum?

Das, was den armen, lieben, süßen, ernsten, pompösen kleinen Mann vom Himmel abhält, ist dessen (des Himmels) schlicht umwerfende Unhöflichkeit. Dies und seine Unlogik, wobei beides wahrhaftig das gleiche ist. Was ist Logik schließlich anderes als ein Set höflicher Formalitäten, mit dem man alles verstecken kann? Stelle dir Beethovens Fünfte Symphonie etwa zwanzig Millionen Mal unanständiger vor. Und das ist nur der Unhöflichkeitsaspekt. All die anderen Aspekte müssen auch berücksichtigt werden, ihre gesamte Unendlichkeit. Ganz zu schweigen von den intimeren Arrangements. Punch und Judy. Und der ganz perfekten, vorsichtigen, leichtsinnigen, dilletantisch-befreienden[25], großartig-einschmeichelnden-quengelig-verlogenen[26], kreisförmigen Liebesspiel-Formel, die wir in der ersten Liga spielen. O je, und ich habe nicht einmal angefangen. Glaubst du, daß sie in der Bibel stehen, die Arrangements für die Pfarrhaus-Gartenparty? Mein lieber Herr, du hast noch nicht einmal begonnen. Während Sie, Madam, das alles bereits wußten, dem Ganzen die ganze Zeit näher waren und geduldiger als ihre jämmerlichen Männer. Geduldig genug, um mehrere Tausend Jahre auf seine erneute Dämmerung zu warten. Denk daran, daß wir nicht *all* die Schuld akzeptieren werden. Aber wir werden sie auch nicht mehr auf dich abladen. Wir erkennen, wie unfair es vom ungezogenen, alten Gott war, dich diesen faulen Apfel essen zu lassen und dann mit dir tausende Jahre weiter und weiter zu verfahren, als wäre es dein Fehler gewesen. Ich befürchte, es war nur einer seiner nicht gerade sehr geschmackvollen Streiche.

Mal ehrlich! Was, glaubst du, ist der Himmel? Eine höfliche Tee-Party? Ich würde es nicht ausschließen. Es könnte sein. Wir könnten das arrangieren, falls es das ist, was du wünschst. Und wenn uns die Tee-Party zu langweilig wird, könnten wir etwas Neues arrangieren. Es gibt wirklich keine Grenze, solange du bereit dazu bist, es ernst zu nehmen. Andernfalls würdest du durch es *hindurch sehen*. Doch dann gäbe es nicht viele Pointen, oder? Schließlich könnten wir uns die Sorge ersparen.

Angenommen, wir wenden uns für einen Moment dem Blinddarm zu, der Geschichte genannt wird. Entlang dieser speziellen Gasse finden wir eine besondere Blindheit, die bis zum jüdischen Alten Testament zurückverfolgt werden kann. In diesem Dokument tritt Gott ohne Partnerin in Erscheinung, ein Schöpfer ohne Schöpferin. Angenommen,

---

[22] Im Original: ...*making* nothing *into* some *thing*...
[23] Im Original: ... all *this* nonsense *is* the *only* thing *nothing* can *really* be.
[24] Im Original: ...*got* here...
[25] Im Original: ... dilettanteliberate.
[26] Ein Wortspiel. Das Wort im Original, infiltremendentitious, kann als Zusammensetzung aus to infiltrate (= unterwandern, einschmuggeln), dentition (= das Zahnen bei Kindern, also quengeln), mendacious (= verlogen) und tremendous (= großartig) verstanden werden.

ein Gott solcher Größe existiert, was ist dann mit seiner Gottes-Dame?[27] Wenn Sie in seinem Haushalt nie erwähnt wird, wirkt das sehr verdächtig.

Offen gesagt, sieht das so aus, als hätte der Mann eine derartige Furcht vor der fundamental anderen Ordnung, ein Wesen des Weiblichen zu sein, und eine panische Angst vor ihrer enormen magischen weiblichen Zerstörungs- und Erneuerungskraft, daß er es nicht wagt, sie so zu betrachten, wie sie wirklich ist. Er fürchtet sich davor, den Unterschied zu akzeptieren, und hat deshalb die gesamte Idee von ihr als *andere Art eines Wesens*, von dem er etwas lernen könnte, was er über sich allein nicht erfahren könnte, in sein Unbewußtes verdrängt und sie durch die Idee einer Art zweitklassiger Kopie[28] seiner selbst ersetzt, mit der er sich, weil sie die Rolle des Mannes so viel schlechter als der Mann spielt, sicher fühlen kann, weil er sie verachten oder verschmähen kann.

Was dem folgt, ist eine typische Psychoneurose mit all ihren Ausflüchten, Erklärungen und paranoiden Zwängen. Der Mann wird ängstlich und kann die archetypische Frau in sich nicht mehr ertragen. Er beginnt sie zu übermalen, sich gegen die Erfahrung von ihr abzublocken. Aber so schnell, wie er die archetypische Frau aus seiner Sicht verliert, geht ihm auch der Blick für die physische Frau verloren. Und weil es Sache des Mannes und nicht der Frau ist, klar erkennbar zu sein, passiert es, daß wenn der Mann vergißt, wer die Frau ist, diese dies auch tut.

Der Himmel kennt nicht die Wut einer verschmähten Frau. Die archetypische Frau, nun in beiden Geschlechtern tief ins Unbewußte verdrängt, beginnt ihren Rachefeldzug. Sie beginnt mit einer recht rücksichtslosen Zerstörung der entwickelten Gesellschaft, die sie auf diese Weise behandelt. Wenn der Mann sie nicht anerkennt und sie sich dadurch auch nicht selbst anerkennen kann, muß sie natürlich die Negativität der Existenz zerstören, die es verhindert, sich mit der Art, wie sie ist, abzufinden.

Wir glauben, daß die Zerstörung von außen kommt, von den Russen, den Chinesen usw., so wie diese glauben, sie käme von uns. In Wirklichkeit kommt sie selbstverständlich aus dem Innern. Unser Inneres kümmert sich nicht darum, wie wir zufällig unsere Zeit darstellen.

Die gesamte Philosophie des Menschen ist eine Rationalisierung seiner inneren Erfahrungen - oder des Mangels derselben. Und ein Mangel an inneren Erfahrungen der archetypischen Frau wird in einer sehr klaren Weise im akademischen Materialismus oder seinem modernen Ableger, dem logischen Positivismus, ausgedrückt.

Einige logische Positivisten würden sich selbst nicht als Materialisten bezeichnen, doch sie vertreten die gleiche Haltung. Sie behaupten, real sei nur das, was beschrieben werden kann, wenn man nach draußen, auf Tische, Stühle und Ähnliches schaut. Was

---

[27]    Oder: Göttin-Geliebten. Goddess-mistress im Original.

[28]    An dieser Stelle ist im Original eine hochgestellte Eins als Zeichen für die erste Anmerkung gedruckt. Die Anmerkungen des Autors werden hier wie im englischen Original im letzten Kapitel gebündelt zusammengestellt. Zur Unterscheidung zwischen diesen und den durchnummerierten Fußnoten sind die Textstellen, zu denen Spencer-Brown Anmerkungen gibt, mit einem vorangestellten „A" versehen. Die nächsten Anmerkungen des Autors werden folglich durch hochgestellte „A2", „A3" usw. angezeigt.

23

wir sehen, wenn wir nach innen schauen, die archetypischen Muster, göttliche Liebe, den Sinn dafür, wie alles zusammengehört, all dies ist ihrer Ansicht nach nicht real und sollte ignoriert werden. Zugleich gelingt es ihnen irgendwie nahezulegen, daß all dies gefährlich sei und daher abgeschafft werden sollte.

Natürlich ist die Art, wie sie lehren, anspruchsvoller und eleganter, und ich weiß auch, daß sie sehr effektiv ist, wenn sie auf ihre eigene Disziplin beschränkt bleibt. Doch dort, wo diese auf andere Disziplinen übertragen wird, zum Beispiel auf Dichtkunst oder Psychologie, so glaube ich, ohne unfair zu sein, ist dies eher eine Art von Eindruckschinderei, die dort im allgemeinen ankommt.

Die ursprünglichen empiristischen Philosophen, Männer wie Locke, Hume und Mill, gehörten zu den Leuten, die ihren akademischen Materialismus auf großartige Weise für sich arbeiten ließen. Ihre Philosophien waren in mancher Hinsicht traurigerweise konträr zur normalen Erfahrung.

Einige von ihnen lehrten die Doktrin, daß der Geist eines Kindes zunächst vollständig leer sei. Alles, was es jemals wüßte, sagten sie, sei das, was ihm von außen aufgedrängt oder eingeprägt würde. O ja. Aber wo kommen dann die ursprünglichen Ideen her? Was ist mit Mathematik, Musik oder Dichtung?

Moderne Positivisten gehen mit diesen Dingen sehr gewieft um. Nicht allzu gewählt ausgedrückt, sagen sie, all dies sei Unsinn.

Es ist leicht zu sehen, daß der logische Positivist und bis zu einem gewissen Grade auch der moderne Wissenschaftler, indem sie den Empiristen folgen, nur noch die maskuline Hülle, die äußere Erscheinung der Dinge, als Realität behandeln und die weniger offensichtliche feminine Realität ihrer inneren Natur ignorieren bzw. als unwichtig abtun.

Der Geist hat wie der Körper eine Außenseite und eine Innenseite. Er hat einen oberflächlichen, erkennbaren, aber auch einen tieferen, sehr viel subtileren Aspekt. Der eine Aspekt ist genauso real wie der andere. Keiner von ihnen kann allein existieren. Anzunehmen, daß der Geist mit völliger Leere, ohne eine innere Realität welcher Art auch immer, beginnt, ist nicht nur unbegründet, sondern widerspricht jeglicher Evidenz.

Jedenfalls ist der Geist eine Reflexion des Körpers, wie Materialisten uns oft sagen. Glauben diese dann, daß der Körper auch völlig leer beginnt (was immer das bedeuten könnte) und dann durch Einprägungen und Eindrücke von außen zu seiner jetzigen Form heranwächst?

Natürlich nicht. Wir wissen, daß die Form des Körpers von innen heraus entsteht und organisiert wird und daß wir außer ihn zu schmücken oder zu deformieren nur sehr wenig von außen für ihn tun können.

Und letztendlich haben wir nicht den geringsten Beweis dafür anzunehmen, daß die realsten und wichtigsten Geistesstrukturen nicht auf ähnliche Art von innen gebildet werden und daß das, was wir von außen für ihn tun können, also ihn trainieren und erziehen, im Vergleich zum Körper selten mehr ist, als ihn mit ein paar Dekorationen und Verformungen auszustatten.

Diejenigen von uns, die den Mut haben, sich von unserer inzwischen zu einer Art rassischer Neurose geworden Zwangsvorstellung über das Außen abzuwenden und in das Innere zurückzuschauen, finden dort in der Tat eine vollständige Welt von enormer Bedeutung und Vertrautheit, welche die Poeten aller Sprachen immer lebendig hielten, eine Welt, die genauso vollständig, real und „objektiv" ist wie die äußere Welt, zu der sie eine enge Verbundenheit besitzt und ohne die die äußere Welt keinen Sinn machen würde.

Dies kann natürlich erwartet werden. Die wesentliche Form des Körpers variiert nicht von Mensch zu Mensch. Wir sollten erwarten, daß dies auch auf die Form des Geistes zutrifft. Wir können es tatsächlich in Angriff nehmen, diesen inneren Mikrokosmos zu erkunden. Dies dauert viele Jahre, und in der Tat ist dieser innere Raum schon auf unterschiedlichste Arten, über viele Jahrhunderte in vielen Büchern, die unsere Zivilisation heute ignoriert oder als unwichtig abtut, kartographiert worden. Dies gelang mal besser, mal schlechter, aber in allen Fällen doch recht erkennbar in Hinblick auf seine hervorstechendsten Eigenschaften. Die Gründe, die man für das Ignorieren dieser Bücher angibt, könnten genauso gut auf unsere gegenwärtigen Lehrbücher der Chemie oder Physik angewendet werden, was unüberprüfte Vermutungen (die sie tatsächlich enthalten), Widersprüchlichkeit untereinander (die wirklich besteht), Unstimmigkeiten darüber, was modern ist (die wirklich vorhanden sind) und die Anzahl der Fehler (die sie tatsächlich enthalten) betrifft. Schließt man diese Einwände aus, die, laßt uns den Tatsachen ins Auge blicken, auf alle jemals von Menschen geschriebenen Lehrbücher zutreffen, erkennen wir - *vorausgesetzt nur, daß wir uns zuerst mit der Welt vertraut machen, die sie zu kartographieren versuchen* - daß das, was sie sagen, im Wesentlichen korrekt und annehmbar ist. Schließlich - laßt uns erneut den Tatsachen ins Auge sehen - wäre ein Physiklehrbuch völliger Kauderwelsch für jeden wie immer cleveren Menschen, der sich nicht aus irgend welchen Gründen schon einmal mit physikalischem Dasein vertraut gemacht hat.

Dieses Buch ist nicht als Lehrbuch gemeint. Das heißt, ich beabsichtige mit ihm nicht, allzu viel von dem Boden neu zu kartographierenden, der bereits anderswo kartographiert worden ist, außer daß ich mit ihm sagen will, und darin stimmen alle Lehrbücher überein, daß das, was wir im Mikrokosmos oder in der inneren Welt finden, ein komplettes Bild von dem enthält, was wir in der äußeren Welt, im Makrokosmos, finden, von dem der Materialist glaubt, er sei die einzige Realität.

Die Worte „Mikrokosmos" und „Makrokosmos", obwohl sie bis zu einem gewissen Grad so benutzt worden sind, wie ich sie hier verwendet habe, passen entweder von ihrer Wurzelbildung oder von ihren geschichtlichen Assoziationen her nicht richtig auf die zwei Aspekte der Wirklichkeit, die ich später betrachten möchte. Auf den folgenden Seiten werde ich den Begriff „Holokosmos" für den Aspekt der Realität verwenden, der beobachtet wird, wenn man nach innen gerichtet forscht, und „Merokosmos" wird für die Realitätsaspekte stehen, die man bei der nach außen gerichteten Forschung beobachtet. In der bekannten biblischen Analogie ist die Eichel ein holokosmischer Aspekt des merokosmischen Eichenbaumes, weil innerhalb der relativ raum- und zeitlosen Eichel die vervollkommnete Essenz, die Fertigstellung oder das Königreich des Eichenbaumes enthalten ist, die Anzeichen, die, wenn interpretiert, die Gesetze seines Seins und seiner Möglichkeit werden, egal, ob er, in der merokosmischen Welt, verkümmert, zwergenwüchsig, erkrankt oder schief oder auch überhaupt nicht entsteht.

Diese beiden Seinsaspekte sind beide gleich real, aber unsere Erziehung leitet uns gegenwärtig an, dem Merokosmos einen sehr hohen Grad an Realität und dem Holokosmos praktisch überhaupt keine zuzuschreiben. Wie wir alle wissen, kann jedes Nicht-Sehen der Realität gefährlich sein, aber diese besondere Unterlassung ist unglücklicherweise keine, die unmittelbar korrigiert werden kann. Und zwar deshalb, weil nicht allzu viele Lehrer, selbst wenn sie wollten, ihre Schützlinge in das holokosmische Gesetz einweisen können. Das Ausmaß unserer Trennung von dieser Realität scheint sich heutzutage seinem Tiefpunkt zu nähern, und obwohl das Vakuum ihrer Abwesenheit kräftig gespürt wird, gibt es heute, glaube ich, nicht einen unter zehntausend Lehrern, der die einsame Straße gefunden hat, die ihn zu einer genügenden Beherrschung der holokosmischen Formen führt, um sie lehren und, noch wichtiger, sie mit unserem gegenwärtig aufgeblasenen, überlasteten und ausgedehnten Wissen über den Merokosmos mit einem gewissen Grad an Vertrauen und Autorität in Beziehung setzen zu können.

Ich glaube, es ist notwendig, mit beiden Seiten des Vorhangs vertraut zu sein. Doch es ist immer schwierig, eine vernünftige Diskussionsbasis mit jemandem aufrechtzuerhalten, der darauf besteht, daß eine Seite die „falsche Seite" ist.

Der merokosmische Materialist beginnt und beschließt seine Beschreibung der Welt mit Materie - einem mehr oder weniger harten Klumpen Zeugs, das im äußeren Raum umherschwirrt. Aber wenn wir versuchen herauszufinden, was „Materie" ist, stellen wir fest, daß wir das nicht können. Benutze gewöhnliche wissenschaftliche Tests. Was passiert? Sie schwindet dahin, sie löst sich auf und hinterläßt nicht eine Spur.[29]

Dies ist nicht nur eine praktische Schwierigkeit, die mit besseren Instrumenten gelöst werden könnte. Es ist eine notwendige und absolute Beschränkung unseres Wissens über die externale Welt, verkörpert in dem, was wir heute das Heisenberg'sche Prinzip nennen.

Das Heisenberg'sche Prinzip wurde in der westlichen Wissenschaft bis 1925 nicht klar verstanden, obwohl die Chinesen es bereits seit dem vierten Jahrhundert und möglicherweise noch früher erkannt[A2] hatten. Es läuft auf das Folgende hinaus.

Um etwas in der Außenwelt zu beobachten, müssen wir auf es einwirken, zum Beispiel, indem wir ein Licht auf es richten. Und je empfindlicher dieses Objekt ist, umso mehr wird es durch unsere Einwirkung verändert. In Bezug auf die empfindlichste Realität kann das, was wir tatsächlich sehen, keine Ähnlichkeit mit dem haben, wie es wirklich ist.

Dieses Prinzip wirkt in jeder objektiven Untersuchung auf jedem Niveau. Die Sozialwissenschaften sind vielleicht noch zu jung, im sich dieser Effekte in ihrem Forschungs-Bereich sehr bewußt zu sein, aber hier wirken sie auf zweierlei Art. Erstens: Wenn du die Annahme (aufgrund deiner Untersuchungen) veröffentlichst, wie Leute sich verhalten werden, dann lesen diese es und verhalten sich anders. Oder sie verhalten sich genauso, weil du annimmst, daß sie es tun. Zweitens: Menschen (und ebenso Dinge), die beobachtet werden, verhalten sich nicht so wie Menschen, die nicht

---

[29]  Im Original: „not a rack behind" - vom Autor in Anlehnung an das Ende von Shakespears „The Tempest" verwendet: „The great globe itself ... shall dissolve, and ... leave not a rack behind."

beobachtet werden. In einem sehr materiellen Sinne verfremdet das Auge des Untersuchenden vom Elektron aufwärts alles, worauf es ruht.

Daraus folgt, daß jede genügend empfindliche Realität, egal welcher Art, egal, ob materiell oder nicht, jeder forschenden Untersuchung, die in Wirklichkeit unser einziges Mittel zur Identifizierung von Dingen der äußeren Welt darstellt, vollständig unzugänglich ist.

Nur einmal angenommen (wie wir könnten), die ultimate Realität, der elementare Boden, der alles genauso abbildet, wie es ist, wäre etwas so unglaublich Empfindliches - wie etwa ein unendlich lichtstarker Film - daß die genaueste Außenuntersuchung, egal welche, ihn so verdunkelt, daß wir ihn nicht sehen können. Wäre dies der Fall, könnten wir entweder niemals von ihr wissen, oder wir müßten einen *gänzlich anderen Weg* finden, *um einen Zugang zu ihr zu erhalten.*

Und diesen anderen Weg gibt es. Es ist, wenigstens für uns selbst, immer noch möglich (obwohl der hundertprozentige Materialist dies natürlich abstreitet), zu enthüllen, was diese endgültige Realität ist, indem wir nicht nach außen, sondern nach innen schauen. Auf diese Weise stören wir sie nicht, weil wir sie hier selbst *sind.* Tatsächlich ist uns die Fähigkeit, mit der wir dies betreiben, höchst vertraut. Sie wird, angemessenerweise, Einsicht genannt.

Wie jede andere Fähigkeit auch kann die Fähigkeit der Einsicht entwickelt werden. Wenn du ein Mathematiker oder Künstler werden willst, mußt du diese Fähigkeit bis zu einem sehr hohen Maß entwickeln. Und wenn wir unsere Einsicht weit genug entwickelt haben, können wir tatsächlich beginnen zu sehen, wie es kommt, daß uns die physische Welt so übermäßig real erscheint.

Dies geschieht durch einen sehr cleveren Trick, der eng mit einer kunstvollen Prozedur zusammenhängt, die dazu dient, uns das Tun vergessen zu lassen, mit dem wir sie so gemacht haben, wie wir sie nun vorfinden.

Was wir unter anderem sorgfältig vergessen müssen, ist die Tatsache, daß wir selbst alle Hindernisse aufgestellt haben. In der Tat sorgt das Heisenberg'sche Prinzip dafür, daß wirklich keine andere Außenwelt als jene existiert, die wir konstruiert haben. Sie ist, tatsächlich und in der Fantasie, eine *Projektion* der Form der Instrumente, die wir zu ihrer Untersuchung benutzen. Und die Instrumente (also wir selbst) sind natürlich eine Introjektion dieser Projektion dieser Introjektion dieser Projektion usw. Unser *Vergessen* dessen, wie diese Außenwelt entsteht, besteht darin, daß wir das ErscheinunGS-Bild der Welt auf genau die spezielle Weise *festsetzen*, die sie zufälligerweise hervorbringt. Selbstverständlich können wir dies nicht ändern, wenn wir uns nicht daran erinnern, wie wir sie haben entstehen lassen, und je weniger wir dies ändern können, desto unabhängiger und unkontrollierbarer scheint sie.[A3]

Mit anderen Worten: Was wir teils unwillkürlich, teils absichtlich vergessen, ist, daß *wir* (oder, als wir an diesem Punkt waren: *es*) vor vielen Existenzebenen (sieben, um genau zu sein), die ursprüngliche Entscheidung getroffen haben, die ursprüngliche Introjektion, die schließlich, wie beim Umgang mit einem Kartenspiel, als die Unterscheidung zwischen diesem und anderem projiziert wurde.

Wir müssen dies nur anders machen, und die gesamte Außenwelt sieht anders aus, klingt anders, fühlt sich anders an und ist völlig anders, obwohl die Innenwelt, die alle

Möglichkeiten der Interpretation enthält, immer die selbe bleibt. Nur von der Innenwelt aus können wir die äußere als eine voller unendlicher Vielfalt beliebiger Konstruktionen betrachten. Das Magische und das Wunderbare in der Außenwelt sind natürlich die *Erscheinungen* eines Grenzwechsels, eines in der Innenwelt entstehenden oder von dort angeleiteten Mischens der Karten.

In der gesamten Physik gibt es kein Ding als solches. Vor einhundert Jahren haben wir dies sorgfältigst vergessen, und nun erstaunt es uns sogar, uns wieder daran zu erinnern. *Wir* ziehen die Grenzen, *wir* mischen die Karten, *wir* treffen die Unterscheidungen. Nicht einmal in der Physik, ja in der Physik, der superobjektiven, der handfesten, zuverlässigen, unerschütterlichen, staudammsprengenden, der gesunden, Frischluft-, Familienunterhaltungs-, Science-fiction-Supermann-Physik existieren sie. All dies ist in unserem Geist. *Wenn* du dieses kleine Stückchen hier abtrennst[30] (was du natürlich nicht *wirklich* kannst) und es *Teilchen* nennst (das ist natürlich nur ein Name; es ist nicht wirklich ein Teilchen, wirklich eher wie Wellen, nur auch nicht wirklich wie diese, nicht wirklich wie irgendetwas, das wirklich ist), die umgeben sind von *Raum* (Raum ist nicht das, was du glaubst, sondern eher eine Art mathematischer Erfindung, die genauso wirklich oder unwirklich ist wie das Teilchen. Tatsächlich sind Teilchen und Raum wirklich dasselbe Ding (außer, daß wir nicht wirklich sagen sollten: „Ding"), eine Art theoretischen Raums, der sich irgendwo ein wenig verknotet hat; wir wissen nicht genau, wo, weil wir es nicht sehen können; wir können nur sehen, wo es war, bevor wir es sahen, falls du siehst, was ich meine; ich meine sogar, so war es nicht wirklich, sondern es waren Lichtwellen (oder eher Photonen), die eine Botschaft tragen, die sich sehr wohl von dem Ding unterscheidet, `Tschuldigung, von dem Partikel (denke daran, daß dies nur eine *Abstraktion* ist, damit wir über es sprechen (es? `Tschuldigung, wir haben kein „Es" in der Physik)), von dem sie (`Tschuldigung!) herkam. Schließlich wissen wir nicht, ob ein Ding (Pardon!) die Wahrheit über sich erzählt (würde es dir etwas ausmachen, in eine andere Richtung zu schauen, während ich mich in etwas Formales verwandle?), wenn es einen Schwall (Bitte vergib mir!) von Strahlung ausstößt (Entschuldige!), nicht wahr?), DANN (wenn du dieser Argumentation bis hierher gefolgt bist) kommt dies (ich meine natürlich all diese mathematischen Formeln. Was dachtest du denn, was ich meine?) dabei heraus. Natürlich, wenn du an einem anderen Ort beginnen (nein, ich fürchte, ich kann dir nicht sagen, was ein Ort ist, obwohl ich natürlich ein Schaubild zeichnen könnte) und anders verfahren würdest (hör' bitte auf, mich zu unterbrechen, Darling, sonst werden wir nie fertig), dann ergäbe es (Es? - Worüber wir reden, mein Liebes. Es ist zumindest bequem, so zu tun, als ob wir über etwas redeten, anderenfalls wäre nicht viel Sinn in der Physik, nicht wahr?) natürlich ein anderes Resultat.

Die Wichtigkeit dieser Art des Redens, die, wie jeder weiß, Moderne Wissenschaft genannt wird[A4], wird mittels eines riesigen und sehr mächtigen magischen Banns aufrecht erhalten, der jedem auferlegt wird, um uns alle wie dieses nette Fräulein Schneewittchen für einhundert Jahre in Schlaf zu versetzen, während die

---

[30]   Der Rest dieses Absatzes besteht aus einem einzigen Wenn-Dann-Satz mit dreifach gestaffelten Einklammerungen. Der möglicherweise etwas holprige Sprachstil ist der (günstige) Preis für eine möglichst genaue Anlehnung an das englische Original.

Vergnügungen zusammengebastelt werden. Wir wünschen keine Leute, die überall herumspazieren und unangenehme Fragen stellen und sie zusammenbrechen lassen, bevor sie fertig sind, oder? Alles zu seiner Zeit; wenn wir sorgfältig die Arbeit, uns dieses schöne, große Kartenhaus zu bauen, beendet haben, können wir, wenn wir alle unsere Augen fest geschlossen halten, den Atem anhalten und es uns fest genug wünschen, alle dieses nette Häuserspiel spielen, in sie hineingehen und dort wohnen, bevor alles zusammenbricht. Außer natürlich, daß nicht für alle auf einmal Platz ist; dann dürfen wir alle nicht zu gierig sein und müssen der Reihe nach vorgehen.

Natürlich ist das nicht jedermanns Sache. Einige scheinen sich nicht allzu viel daraus zu machen. Einige versuchen, etwas zu ändern, wenn sie dort ankommen. Aber wenn du zum Beispiel den großen Bagger verändern willst, drehst du gerade in dem Moment, in dem du am wenigsten dazu ausgerüstet bist, eine Runde mit ihm. Sie vergessen das. Und einige kaufen ein neues Ticket und gehen wieder hinein.

Tja, lieber Leser, wir haben einen flüchtigen Blick auf den Holokosmos durch den Merokosmos erhalten, und jetzt scheinen wir ein Schielen auf den Merokosmos durch den Holokosmos geschafft zu haben. Wir müssen mit dieser Art zu verfahren etwas vorsichtig sein; die Experten sind überhaupt nicht scharf darauf, Hinz und Kunz hinter die Kulissen zu lassen; wir haben all diese Vergnügungen erbaut, und natürlich wollen wir, daß sie benutzt werden. Kommt mit, Ladies und Gentlemen, Götter und Göttinnen, eure letzte Chance, das unglaublich realistische Universum zu besichtigen; haltet die Tickets bereit. Unser Beauftragter wartet schon darauf, euch willkommen zu heißen, also Beeilung bitte, die Tore freihalten, Vorsicht an der Tür, viel Spaß und bis bald!

Hier sind wir wieder, lieber Leser, zurück in der alten physikalischen Welt, Bridlington Pier; festhalten, woops, na, wie war's, du kannst deine Ohrenstöpsel jetzt herausnehmen, und ich verspreche, nichts Ungehöriges zu sagen.

Es gibt zufällig eine ganze Abteilung des Holokosmos, die du noch völlig frei besuchen darfst, während du hier als Gast im Merokosmos weilst. Man nennt sie Mathematik.

Vielleicht ist dir noch niemals der Gedanke gekommen, daß mathematische Dinge wie zum Beispiel Zahlen nicht im physikalischen Universum existieren? Suche so lange, wie du willst, liebe/r LeserIn, du wirst hier unten nicht eine einzige Zahl, egal welcher Art, finden, obwohl es natürlich genügend herumschwirrende Zahlen gibt, wann immer du etwas zählen willst. Doch der Ursprung ihres Zustroms liegt in einer tieferen Existenzebene, das ist alles. Die Alten waren sich sehr wohl der Göttlichkeit der Mathematik bewußt. Materielle und mathematische Welt sind unterschiedliche Seinsordnungen, dennoch können wir immer noch erkennen, wie eng sie zusammengehören, sich ergänzen und sich gegenseitig eine Bedeutung geben. Genau so ist es auch in anderen Disziplinen.

Was wir im Holokosmos wissen, dessen können wir uns sicher sein. Daß $np \equiv n$ Modulo p ist, wenn n und p natürliche, ganze Zahlen sind und p eine Primzahl ist, ist keine Frage der Meinung.[31] /A5 Ein Mathematiker *weiß*, daß dies so ist, ohne den

---

[31] „$\equiv$" ist das mathematische Symbol für „kongruent modulo". $a \equiv b \bmod n$, wenn $a \bmod n = b \bmod n$. Beispiel: $12 \eth 17 \bmod 5$, weil $12 \bmod 5 = 2$ und $17 \bmod 5 = 2$. (12 und 17 haben den selben Teilerrest, wenn sie durch 5 geteilt werden). Alles klar?

geringsten Zweifel zu haben. Wie kann er so sicher sein? Genau deshalb, weil er nicht seine menschlichen Augen benutzt, um dies zu sehen, sondern seine *Einsicht*, um das Ganze als *Schauspiel* oder Spiel (*theatre* und *theorem* haben natürlich die gleiche Wurzel) zu beobachten, das zu seinem Nutzen im Holokosmos, wo Zahlen existieren, aufgeführt und durch eine bestimmte Art zu lernen, durch die Initiation in die Mathematik, *heraufbeschworen* wird, damit man mit bestimmten *Symbolen zaubern*[32] kann.

Um die präzisen Geheimnisse seiner Disziplin oder seines Handwerks zu erwerben, die schlauen[A6] Heraufbeschwörungen, durch die er aus den Tiefen seines Seins *herbeiruft*, was mit absoluter Sicherheit gewußt werden kann, benötigte der Mathematiker viele Jahre, und in der Geschichte benötigte die Menschheit genauso viele Tausende Jahre, um die Mathematik zu gründen. Deshalb werden sie Geheimnisse genannt - sie bloß vorzutragen, überzeugt nur wenig oder gar nicht. Wie in allen holokosmischen Künsten kommt die Wahrheitsgewißheit, die sie zur Schau stellen, aus dem Beherrschen des Gesetzes, das sie verkörpern.

Wenn wir einmal gelernt haben, wie man sie benutzt, ist unsere unmittelbare Sicht oder Einsicht in den Holokosmos nicht weniger gewiß als unsere normale (und wie jeder Neurologe dir sagen kann: äußerst indirekte) physikalische Sicht in die merokosmische Welt der Tische und Stühle und dessen, was wir frühstücken. Der Hauptunterschied, abgesehen von ihrer zusätzlichen, aus der Unmittelbarkeit resultierenden Klarheit, besteht darin, daß das, was im Holokosmos gesehen wird, sehr viel interessanter ist, weil es *vor* dem ist, was im Merokosmos gesehen wird. „Vor dem" bedeutet dabei genau das, was es sagt: wichtiger. Die inneren Ebenen legen genau fest, *wie* die äußeren Ebenen *sein können*, und nicht umgekehrt. Um zum Mond zu fliegen, *müssen* wir, neben anderen Dingen aus dem Holokosmos, die mathematischen Bewegungsgesetze kennen und genau befolgen. Aber um die Bewegungsgesetze zu entdecken, muß man nicht auf dem Mond gewesen sein.[A7]

Dichter und andere künstlerische Meister, die andere Orte und Ebenen des Holokosmos besuchen, beobachten diese mit dem vollkommen klaren und unmittelbaren Blick und der Präzision eines Meisters der Mathematik, und sie sehen, wie diese mit gleicher Strenge zu anderen Seins- und Handlungsfeldern in der materiellen Welt passen, und zwar deshalb, weil sie, wie obskur auch immer, mit einer Gewißheit sprechen können, die der des Mathematikers gleicht, sodaß Menschen, die den Grund für diese Gewißheit nicht sehen [A8] können, dies so verwirrend finden.

Wir alle verehren oder hassen im anderen, was wir in uns selbst entfremdet haben. Anbetung ist nicht Liebe, sondern das Gegenteil von Haß. Jene, die lediglich das Ursprüngliche Männliche Wesen[33] im Holokosmos *anbeten*, sehen Ihn als zwei Wesen, als Gott und den Teufel[34], als das Alternierende zwischen den Gegensätzen Verlangen und Ekel, mit denen sie ihre Sicht polarisiert haben.[A9]

Was wir in uns selbst entfremdet haben, ist tatsächlich das, was in Hinsicht auf die vollständige und universelle Totalität von Sein und Nicht-Sein *gewußt* werden kann.

---

[32]  Im Original: conjure.
[33]  Diese und folgende Großschreibung im Original.
[34]  god und devil im Original groß geschrieben.

Warum benötigt man für einfache Entdeckungen des Naheliegenden so lange? Nicht, weil der Mensch unfähig ist, sie zu sehen, sondern weil er in neurotischer Weise durch seine eigene, selbst auferlegte Entfremdung von dem Wissen, daß etwas so sein muß, davon abgehalten wird.

Jung nennt ein schönes Beispiel von einem Mann, der sich entschlossen hatte, die Existenz seiner linken Hand zu leugnen. All die Erscheinungen seiner linken Hand mußten als „nichts außer" hinwegerklärt werden, das höchst einfach belächelt oder als unwichtig abgetan werden kann, und seine Sprechweise sowie sein Benehmen wurden extrem idealistisch, analytisch und doktrinär.

Was der Künstler anbietet, ist, die gestohlene linke Hand zurückzugeben - um seinem Gasthörer etwas zu zeigen, was jede ganze Person besitzt, und vor allem etwas, dessen sich dieser möglicherweise nicht einmal bewußt ist, bis seine Aufmerksamkeit auf das gelenkt wird, was er verloren hatte. Daher kommt es, daß jede echte Künstlerarbeit, egal in welchem Medium, das folgende mit jeder anderen derartigen Arbeit gemeinsam hat: wie sie funktioniert, scheint in jeder Hinsicht unvermeidlich zu sein, und dennoch erscheint sie uns gleichzeitig höchst erstaunlich.

Die unwiderstehliche Art der Künstlerarbeit, die diese über einen bloßen persönlichen Rekord stellt, besteht darin, daß der Künstler direkt von den Erfahrungen *seines Zuhörers* spricht. Wie? Weil der Künstler gelernt hat, seine Arbeit von lediglich persönlichen Elementen zu reinigen, indem er die gemeinsame Realität, die genauso seinem Zuhörer wie ihm selbst gehört, hinter sich läßt.

Der Dichter, der seinen Weg zu einem universellen Ort in seinem Wesen gefunden hat, verpflichtet sich, uns diesen Weg in uns selbst zu zeigen. Erstens lernt er, allein dort hin zu gehen. Zweitens meistert er die *Formalitäten* mindestens einer der Künste, *durch* die seine Erfahrungen von diesem Ort repräsentiert, das heißt, zurück-gerufen und rück-erinnert[35], werden können. Für jede so erworbene Kunst benötigt er etwa sieben hingebungsvolle Jahre, in denen er sich mit den *Geheimnissen* seines *Gewerbes*, mit den großen und unantastbaren *Gesetzen* und den geringeren und zerbrechlichen *Regeln* seiner *Disziplin* bzw. seines *Handwerks* vertraut machen muß. Ist er dann, durch seine Hingabe an ihre Disziplinen, ein Meister seiner *Künste* geworden, ist er flügge genug, um drittens seinen Leser oder Zuhörer auf eine Reise zu einem Ort mitzunehmen, der ihnen beiden gemeinsam ist, den der Zuhörer jedoch allein nicht finden oder sich in ihm, falls er zufällig über ihn stolpern sollte, verirren könnte.

Der Dichter hat sich oft verirrt, aber durch Beharrlichkeit, Ausdauer, Glück, Führung und unglaubliche Schicksalswendungen hat er irgendwie diese Gefahren überlebt und kennt nun seinen Weg gut genug, um sich nicht mehr zu verirren und jemand anderen zu den unbekannten und dennoch vertrauten Orten der allumfassenden archetypischen Welt mit- und wieder zurücknehmen zu können.

Dies ist natürlich einer der Gründe für die charakteristische Form eines gegebenen Kunstwerkes: es wurde als Raumfahrzeug zur Erkundung des inneren Raumes entworfen. Eine richtig konstruierte Symphonie zum Beispiel bringt dich auf eine Art umgekehrten Weltraumtrip. In den Weltraum geschossen mit dem ersten Satz; erster

---

[35]    Im Original: re called and re collected.

Orbit, zweiter Orbit; Zollabfertigung für den tieferen Raum; Ankunft im Ziel; Erkundung des Ziels; Tanz oder Unterhaltung; Zusammenfassung; Wieder-Eintritt[36]; Koda oder Abschiednahme. Kurz gesagt: Ein wohlkonstruiertes Kunstwerk nimmt dich auf, transportiert[37] dich, zeigt dir die Geheimnisse deines Seins, bringt dich zurück und setzt dich, der du erstaunt darüber bist, was dich da getroffen hat, wieder zurück auf deine Füße.

Gott kennt natürlich all unsere Symphonien, all unsere Gedichte, all unsere Theoreme als Trivialitäten, die sie, für Ihn, zweifellos sind. Das bedeutet aber nicht, daß Er unsere Formulierungen derselben nicht benötigt: Holokosmos und Merokosmos werden genauso vollständig mit einander verheiratet wie Mann und Frau. Unsere oft bemühten Beweise ihrer Evidenz repräsentieren die Art, wie wir als mangelhafte und hochgradig verwickelte natürliche Wesen unsere Verdrehungen entwirren müssen, um wieder unmittelbar sehen zu können, was Er, unverdreht und unverzerrt in der ersten Reihe, bereits „sehen" kann, ohne auch nur hinzuschauen. Er braucht die Possen nicht aufzuführen, die wir spielen müssen, um zu unseren vergleichsweise miserablen Richtungen zu kommen, die auf Gewißheit zeigen. Doch schließlich, wenn wir beginnen, sie gerade genug zu bekommen, um sich der Gottheit zu nähern, finden wir uns selbst dabei wieder, etwas zu tun, was einfach und selbstverständlich ist, während alle anderen noch immer mit dem beschäftigt sind, was kompliziert und absurd ist.

Beethoven berichtet in seiner Einsicht, daß er dem Göttlichen so nahe gekommen ist, daß er Musik als zeitlos, als gleichzeitig, erfuhr. Mrs. Brown aus Balham berichtet von einer ähnlichen Erfahrung, wenn sie die Holokosmos-Region von Beethoven erreicht, obwohl sie nicht viel von der Musik aufzuschreiben imstande ist, da sie nicht Beethovens kolossale Ausdruckskraft besitzt. Beethoven berichtete, daß die Musik, obwohl er die Kraft hatte, sie aufzuschreiben, lediglich pöbelhaft im Vergleich zu der war, die er innigst erfahren hatte.

Diese Notation von Musik, Mathematik oder Poesie ist eine mehr oder weniger große Aufgabe der *Übersetzung* vom praktisch Unvorstellbaren und Vielgestaltigen in etwas praktisch Vorstellbares und Eingestaltiges[38], und die irdische Musik usw., als Ergebnis dieser Unternehmung, ist tatsächlich sehr viel ärmer als die ursprüngliche Supermusik usw., aus der sie übersetzt wurde.

Eines der tieferen Geheimnisse, so viel Himmel über ein bloß irdisches Kunstwerk herauszubekommen, liegt in der besonderen Form, in der das Werk aufgeführt wird. Der Künstler respektiert in seiner Übersetzung nicht nur den holokosmischen *Inhalt*, sondern er modelliert auch die Form, in der dieser sein irdisches Erscheinen haben soll, sodaß dieser gewissermaßen dem feierlichen Gleichgewicht des holokosmischen Ortes ähnelt, an dem er den Inhalt gefunden hat. Das Ergebnis ist, daß das Werk, sofern er es klar darlegt, durch die „Schläge" oder Interferenzmuster, die entstehen, wenn das himmlische Licht durch die Förmlichkeit eines irdischen Fensters oder Gitters scheint, das selbst in gewisser Weise ebenfalls himmels-förmig ist, eine Art magische Weißglut

---

[36] Im Original: re-entry (der „magische" Begriff aus Spencer-Browns „Laws of Form").

[37] Im Original: transport, was sowohl transportieren als auch entzücken heißt. Ähnlich im Deutschen das Wort: bewegen.

[38] Im Original: multiformal ... uniformal

besitzt. Der Meisterkünstler verheiratet seine Form mit seinem Inhalt, um diesen Effekt instinktiv zu erzeugen, und er macht dabei selten einen Fehler. Der Möchtegern-Künstler bekommt das leider nicht richtig hin, weil er noch nicht den Ort seines Wissens erreicht hat, an dem er all seine Ausdruckskräfte als so unzulänglich erlebt, daß er instinktiv seine Hand nach irgendeiner neuen Magie ausstreckt, um das Unmögliche möglich zu machen.

Obwohl einige Künste, wie auch die Mathematik, offensichtliche physikalische Anwendungen finden, scheinen andere überhaupt keine dieser offensichtlichen physikalischen Anwendungen zu besitzen. Wie eine ausgestorbene Spezies hören sie irgendwann auf zu existieren, bevor die gegenwärtige Existenz beginnt. Nimm zum Beispiel Musik. Nach materiellen Maßstäben ist sie absolut bedeutungslos. Wäre sie nicht für die Maßstäbe einer *anderen Welt*, an die sich auch der Geistloseste von uns irgendwie blaß erinnert, warum in aller Welt sollte sich dann irgend jemand überhaupt mit Musik beschäftigen geschweige denn ein Stück als besser als ein anderes beurteilen können? Wie könnte es *besser* sein, es sei denn, es wäre eine *bessere Repräsentation* von etwas, das wir bereits kennen? Und wie könnte uns Musik entzücken, was sie ja tut?

Musik ist ein aufschlußreiches Beispiel, weil sie so offensichtlich untypisch gegenüber allem in der materiellen Welt ist. Obwohl sie eindeutig eine Sprache ist, ist sie zum Beschreiben der Dinge *hier draußen* völlig ungeeignet. Der logische Positivist weiß nicht, *was* er mit ihr anfangen soll, außer sie als bedeutungslos zu bezeichnen, was er tut. Und Dichtkunst auch. Er bezeichnet diese ebenso als bedeutungslos. Und Mathematik. Mathematik, sagt er, ist wirklich „nichts außer" einem Set bedeutungsloser Binsenwahrheiten, Dichtung ist lediglich „nichts außer" einem Satz von Beschreibungen materieller Objekte, Osterglocken und Dinge, die gefühlsgeladen auf verschiedene vage, zweideutige und anderweitig bedeutungslose Weisen benutzt werden, und Musik, nun, Musik ist ganz klar „nichts außer", äh nun, äh, er hat wirklich keine sehr klare Idee davon, welches Nichts-Außer sie denn nun genau ist, aber schließlich ist er sich doch ziemlich sicher, daß sie, was immer sie ist, ein Nichts-Außer ist und sicher nichts außer dies[39].

Man kann leichter durch Dichtung als durch Musik verwirrt werden, weil sich die Dichtkunst einer Sprache bedient, deren gewöhnlichere Funktion die der Beschreibung der physikalischen Welt, des Redens über Tische und Stühle, ist. Tatsächlich benutzt der meisterliche Dichter die Sprache überhaupt nicht auf diese Weise, sondern führt eine magische Beschwörung durch, veröffentlicht ein geheimes Rezept, schlägt mit einem Meisterschlüssel gegen eine verbotene Tür, wie auch der Meistermusiker und, ja, der Meistermathematiker. (Um es ein für alle Mal klar zu machen: Mathematik ist nicht das, was du in der Schule gelernt hast. *Das* war eine Technik, die Rechnen heißt, langweiliges, mechanisches, destruktives, größtenteils unnötiges Rechnen, das Maschinen besser ausführen können). Immer wenn der Dichter nicht diese magischen Dinge tut, immer wenn er nicht diese Meisterschlüssel schlägt, ist es, was immer er

---

[39]  Im Deutschen besser: ... und sicher nichts anderes als dies. Doch das würde die feinen Wortspiele mit der Wendung „nothing but" im Original verschleiern.

sonst noch macht, keine Dichtung. Verse vielleicht. Schließlich muß er üben. Aber jemand, der scharfsinnig ist, kann zwischen Dichtung und Übung unterscheiden. Eine Übung kann clever, amüsant und sogar erbaulich sein, doch sie bringt uns nicht über sie selbst hinaus. Sie sagt nicht mehr, als ihr Erfinder wollte, was sie sagen soll. Sie kann so wahr sein, wie du willst, aber sie ist keine Dichtung, wenn sie nicht auch diese feine Kombination findet, um eine geheime Tür zu einer anderen und grenzenlosen Welt zu öffnen.

Jeder Künstler spricht, wenn er dies *als* Künstler tut, *aus* dem Holokosmos *heraus*. Die Muster, die er dabei entwickelt, sind, obwohl *im* Merokosmos, *grundsätzlich* nicht repräsentativ für irgend etwas in diesem. Sind sie es doch, dann ist er kein Künstler, sondern ein Handwerker; und obwohl jeder Künstler auch ein Handwerker sein muß, braucht nicht jeder Handwerker ein Künstler zu sein. Der Künstler kreiert künstliche Muster in der materiellen Realität des Merokosmos - *in Anlehnung an das Existierende* in der nichtmateriellen Realität des Holokosmos. Durch dieses und kein anderes Kriterium wird seine Arbeit, von seinem Handwerk abgesehen, aufrichtig beurteilt. Wie sonst, nach bestem Wissen und Gewissen, könnte ein Kunstwerk eventuell Sinn machen? Gelassen betrachtet, sind Materialisten-"Erklärungen" für Kunst unglaublich an den Haaren herbeigezogen. In der Tat ist das Beste, was der Materialist tun kann, wenn er nicht locker lassen will, die Gültigkeit dessen zu leugnen, was der Künstler ausdrückt, zu sagen, daß die Leute in Wirklichkeit nicht das erleben, was sie eindeutig erleben.

Dies ist natürlich ein völlig betrügerischer Trick, eine so unverschämte Unehrlichkeit, daß es einem den Atem verschlägt. Was der Materialist tut, ist der Versuch, uns zu diktieren, was wir Erlebnis *nennen* dürfen. Einige unserer Erlebnisse sind OK, sagt er, es sind wirkliche Erlebnisse, aber auf der anderen Seite sind einige unserer Erlebnisse falsch oder werden mißverstanden und sind daher keine wirklichen Erlebnisse. Oh, sehr clever! Erkennst du den Trick? Eine *Berechnung* kann fehlerhaft sein, eine *Meinung* (also ein Urteil oder eine Interpretation) kann mißverstanden werden, ein Argument kann falsch sein. Aber Berechnung, Meinung und Argument sind dazu da, um Erleben zu *verarbeiten*, um sie zu befolgen und uns von ihnen zu entfernen: sie selbst sind nicht, ich wiederhole: nicht Erlebnisse. Wir können eine Erfahrung nicht falscher erfahren, als wir einen Traum falsch träumen können.

Wahre Kunst wird direkt aus der Erfahrung heraus gesprochen. Ein wirkliches Gedicht kann genauso wenig falsch sein, wie ein Traum falsch sein kann. Es kann allerdings wie ein Traum klar oder unklar sein, höflich oder unhöflich, tiefgründig oder trivial, treffend oder schändlich, gut oder schlecht aufgezeichnet. Und es drückt niemals, ich wiederhole: niemals eine Meinung[A10] aus, und das ist der wirklich große Unterschied zwischen Kunst und anderen Lebensarten.

Für jene, die vielleicht versuchen, ihren Weg zu ihr zu erspüren, hat die Lehre, die sie auf diese Art abzuweisen versucht, obwohl sie ein unvermeidliches Ergebnis dessen sein könnte, wie wir unsere Realität erleiden, Konsequenzen, die gelinde gesagt sowohl für das Individuum als auch für das Kollektiv unangenehm sind. Denn indem wir ignorieren, was innerhalb ist (das, was darunter liegt, was fundamental ist, was herausgefischt oder erraten werden muß), und uns auf das Äußere konzentrieren (was oberflächlich, veränderlich und modisch ist), tendieren wir leicht dazu, das Wichtige mit dem Trivialen zu verwechseln. Und die verheerendsten Folgen dieser Trivialisierung der Erfahrung offenbaren sich zuerst in jenen Menschen bzw. werden zuerst jenen Menschen klar, denen die vorherrschende Mode noch nicht das zerschlagen hat, was sie einst wußten.

Obwohl ich sie zurückhaben möchte, gebe ich nicht vor, meine Geliebte aus irgend einem anderen Grund als den haben zu wollen, die Erfahrung wiederzubeleben, mit ihr für den Rest unseres natürlichen Lebens zu leben und zu wachsen und die Sucht zu befriedigen, die ich nach ihr entwickelt habe. Ich sage nicht, ihre Sucht nach mir zu befriedigen, obwohl diese mir ähnlich stark erschien. Wie ich es jetzt sehe, ist die Bedeutung des Heiratens die, daß zwei Menschen so süchtig nach einander werden, daß sie getrennt nicht glücklich, oder überhaupt nicht, leben können. Die jeweils gleichermaßen starke Sucht nach dem anderen ist ihre völlige Sicherheit, und jede erneuert und verdoppelt die Stärke der anderen durch einen ekstatischen Austausch von Vorteilen, der so lange währt, wie sie beide leben.

Uns geschah dies nicht, und ich kann nur dessen Abwesenheit und die Entzugserscheinungen aufzeichnen. Aber ich glaube nicht, daß ich mich darin irre, diese Erfahrung als etwas gänzlich anderes zu betrachten als alle bisherigen, an die ich mich erinnere. Es war nicht wie dieses gewöhnliche „zusammen leben", das ich gewöhnt war. Es war mehr als normale Anziehung. Ich sage noch einmal, ich hatte es vorher noch nicht erlebt, nicht in diesem Leben, obwohl es, bevor wir uns trafen, so war, als ob wir beide danach strebten, es uns aus einigen früheren Existenzen ins Gedächtnis zurückzurufen. Es ist nicht das, was im psychotherapeutischen Jargon „Übertragung" genannt wird. Es gibt keine Fantasien. Alles ist, wie es ist.

Ich kann wenig dazu sagen, wie es geschieht. Es scheint Ergebnis eines innerlichen, wunderbaren Passens zu sein, ein wirklich kompensierendes Gleichgewicht der Kräfte. Es herrscht eine völlige Ergänzung, nicht der zufälligen, klassenbewußten Zwangsjacken-Egos, sondern deiner beiden ursprünglichen empfänglichen und verantwortungsvollen Selbste, eine Ergänzung, die auf keiner der beiden Seiten Zufalls-Geiseln zurückläßt, keine losen Enden, die zur Verbitterung in der Frau oder zu männlichem Protest führen könnten, und kein mißverstandenes Gebiet, das Prahlerei oder weibliches Grübeln im Mann hervorrufen könnte. Du fühlst dich wie ein Instrument, das endlich gestimmt worden ist. Der Bereich eures gesamten Seins - eures wirklichen Seins, also nicht die zufälligen persönlichen Ereignisse, die als so wichtig für die „Planung" einer Heirat angesehen werden - eure beiden Bereiche reagieren nicht nur hier und dort, mit einer Erfolg/Mißerfolg-Ungenauigkeit, sondern deine Höcker passen auf wunderbare Weise in ihre Vertiefungen und ihre in deine, über den gesamten Bereich eurer gemeinsamen Empfangsskala, mit dem Ergebnis eines massiven Auflebens eurer gesamten Möglichkeiten, gemeinsamer und individueller, auf eine Art, die jeder Beschreibung und jedem Vergleich trotzt. So weit ich weiß, findet man darüber nichts in psychologischen Lehrbüchern. (Denk' mal darüber nach; sie klassifizieren selten Geisteszustände, die es dem Klassifizierer nicht erlauben, sich überlegen zu fühlen). Jung scheint dies nicht zu erwähnen, obwohl sicher ist, daß er es in seiner Antwort an Job prophezeit. Selbst Poeten haben es verpaßt, obwohl einige von ihnen aus dem siebzehnten Jahrhundert es eindeutig kannten, wie meine Geliebte schnell darlegte. Noch früher scheint Dante es mit Beatrice gefunden zu haben. Und von den lebenden Dichtern scheint Robert Graves klar davon zu sprechen, und ich bin sicher, daß es noch andere geben muß.

Es bleibt wahr, daß der Fall, wie der aus der Gnade eines jeden Paradieses, sehr schwer zu ertragen sein muß. Der Fall vom Paradies absoluter Liebe ist lang und steil. Aber wir werden, glaube ich, nicht auf die Straße gesetzt, sofern wir nicht irgendwie versagen, die Miete zu bezahlen. Ich behalte dieses Buch, und andere Schmuckstücke, als eine Mahnung an das, was ich einst erfuhr, aber weder der Zustand der Gnade noch der Fall von diesem kann hinreichend beschrieben werden, auch nicht von Talenten, die größer als das meine sind. Du mußt wissen, liebe/r LeserIn, daß dieses Buch verglichen mit dem, was wirklich stattfand, nicht mehr ist als ein wertloser Papierfetzen, vom Winde verweht.

**Love consists in this, that two solitudes
protect and touch and greet each other.**

(Rainer Maria Rilke)


**Liebe besteht darin, daß sich zwei Einsamkeiten
gegenseitig schützen, berühren und begrüßen.**

(Rainer Maria Rilke)

# Ein Brief vorab

*Reizendes Mädchen! Was soll ich sagen? Du prüfst mich. Ich kann Dir nur sagen, was Du bereits weißt. Wofür Du und ich Millionen von Leben gebraucht haben, um es für uns selbst herauszufinden.*

*Du weißt das. Zwei Menschen treffen im Himmel aufeinander, verschiedene Seiten ein und desselben Wesens. Sie werden auf der Erde zerstreut und müssen suchen, bis sie ihre/seine andere Seite finden, falls notwendig, über viele Leben hinweg. Die Suche scheint endlos zu sein, und oft glauben sie, einander gefunden zu haben, doch dem ist nicht so. Wenn sie sich wirklich finden, dann wissen sie das, denn dann öffnet sich der Himmel, um sie wieder zu empfangen. Das Männliche und das Weibliche werden zu einem Einzigen. Die Felder, die Bäume, die Gewässer, die Tiere, die Menschen, alle sind hocherfreut, und Glück und schöne Blumen sind überall um sie herum, weil sie zufrieden sind. Ihre Beziehung ist grenzenlos. Die Poesie ihrer Erschaffung erstreckt sich von nun an bis in die Ewigkeit.*

*Liebe ist Annehmen. Sie ist die höchste Disziplin auf Erden. Alles Mindere ist keine Liebe, sondern Tyrannei. In der Liebe befreien sich zwei Menschen. In dem, was für Liebe gehalten wird, binden sie sich aneinander. Der Schlüssel kann nicht das Schlüsselloch korrigieren. Wenn sie nicht zusammenpassen, gibt es nur mahlenden Schmerz und Zerbrechen, und die Tür wird nicht geöffnet. All dies wissen wir beide.*

*Und Du weißt auch folgendes. Ich kann mich für Dich nicht entscheiden; und Du nicht für mich. Das ist Deine und meine Freiheit. Früher hat Dich jemand glauben gemacht, Du hättest diese Freiheit nicht, und nun fühlst Du Dich schuldig, sie zu nutzen. Der Betrag an Schmerz in der Welt bleibt gleich, du kannst diesem nichts hinzufügen oder etwas von ihm abziehen, so sehr es auch Dein Ego stärken würde zu glauben, daß Du es könntest. Du bist frei, zwischen Freude und Schmerz zu wählen, wie es Deinen momentanen Bedürfnissen entspricht.*

*Reizendes Mädchen, im Himmel bist Du eine Göttin und ich ein Gott, aber auf Erden sind wir schwach und hilflos und benötigen endlose Geduld und Verständnis. Verheirate Himmel und Erde, und Stärke entsteht daraus.*

*Wir verlieren nichts von unserer Menschlichkeit, wenn wir uns unserer Göttlichkeit bewußt werden. Verliebt, bin ich ein Mensch, mit all der gequälten und gesteigerten Empfindsamkeit eines verliebten menschlichen Wesens. Ich leide Qualen, wenn Du nicht schreibst; ich suche nach dem kleinsten Zeichen eines Vorwurfs, frage mich, ob ich dich irgendwie verärgert habe. Jedes Liebeszeichen ist Nektar für mich, ich kann nicht genug davon haben. Ich verweile bei ihm, ich verstehe es immer zum Besten und versuche, mehr darin zu sehen, als es enthält!*

*Trotzdem lache ich die ganze Zeit über mich, wissend, daß wir nur zwei Seiten eines Wesens sind - genauso gut könnte man ein Gänseblümchen in Stücke reißen - den lieben langen Tag lang - in einer Raserei von „Sie liebt mich! Sie liebt mich nicht!" - in dem Wissen, daß der Nordpol nicht die Anziehung des Südpols spüren kann, ohne daß der Südpol die Anziehung des Nordpols spürt, daß Deine eigene süße Schönheit auch im Auge des Betrachters ist und daß, wenn ich Dich manchmal im Unrecht sehe, dies deshalb geschieht, weil ich mich selbst so fühle.*

**Had we but World enough, and Time,**
**This coyness Lady were no crime.**

(Andrew Marvell)

**Hätten wir nur Welt genug, und Zeit,**
**wäre diese scheue Lady keine Schande.**

(Andrew Marvell)

## 1 The Opening[40]

Once every 500 years
The gates of heaven are opened
Just a little way
Just a little light
Just a little
Just enough
Soon
They will close again
Bang
Clang
Missed it
Ah well
Another 500 years

## 1 Das Öffnen (Die Öffnung)

Einmal alle 500 Jahre
Werden die Tore des Himmels geöffnet
Nur ein kleines Stück
Nur ein wenig Licht
Nur ein wenig
Gerade genug
Bald
Werden sie sich wieder schließen
Bang
Clang
Verpaßt
Ah gut (Na gut/tja also)
Weitere 500 Jahre

## 2 An Accident

My love, would you not come to me if
I was wounded?
Would you not arrive to comfort me if
I had had a serious accident?
Well, I have had a serious accident.
I have been born.

## 2 Ein Unfall

Meine Liebe, würdest du nicht zu mir kommen, wenn
Ich verwundet wäre?
Würdest du nicht erscheinen, mich zu trösten, wenn
Ich einen ernsthaften Unfall gehabt hätte?
Nun, ich habe einen ernsthaften Unfall gehabt.
Ich bin geboren worden.

## 3 Dog or Cat

The biggest pet
I ever kept
Was a girl
With whom I slept
I never found
Another yet
So satisfactory
As a pet
A polar bear
Just isn't there
A dog or cat
Is hardly that
A doggie might
Know how to fight
He don't know how

## 3 Hund oder Katze

Das größte Schoßtier
Das ich jemals hielt
War ein Mädchen
Mit dem ich schlief
Ich fand nie
Noch eine andere
So befriedigend
Wie ein Schoßtier
Ein Eisbär
Ist gerade nicht da
Ein Hund oder eine Katze
Ist das kaum
Ein Hündchen könnte wissen
Wie man kämpft
Er weiß nicht wie

---

[40] Alle folgenden Gedichte sind im Original abgedruckt. Sie spielen subtil mit ihrer Sprache. Die deutschen Interpretationen können daher nur als Annäherungen angesehen werden.

|  |  |
|---|---|
| My girl can bite | Mein Mädchen beißen kann |
| A pussy may | Ein Kätzchen mag |
| Know how to play | Wissen wie man spielt |
| She don't know how | Sie weiß nicht wie |
| My girl can stay | Ausdauernd mein Mädchen sein kann |
| I would not let | Ich würde nicht lassen |
| My girlie loose | Mein Mädchen los |
| And go and get | Und mir eine |
| Myself a goose | Gans besorgen |
| A herd of cows | Eine Herde Kühe |
| As well might browse | Könnte genauso gut |
| Among my books | In meinen Büchern schmökern |
| And take the vows | Und die Eide schwören |
| Of marriage to | Zur Heirat mit |
| A kangaroo | Einem Känguruh |
| As think to make me | Oder glauben meine |
| Change my view | Sicht zu ändern |
| Nor would I wish | Noch würde ich wünschen |
| To keep a fish | Mir einen Fisch zu halten |
| When I can keep | Wenn ich mir meine |
| My little dish | Dufte Puppe halten kann |
| A clever dick | Ein grinsender Hans |
| Who took the mick | Der sich lustig machte |
| And came between | Und zwischen mich |
| Me and my chick | Und meinem Küken41 kam |
| Would soon be sent | Würde bald geschickt |
| To where he went | Nach dort wo er hinging |
| With all his members | Mit all seinen Gliedern |
| Broke or bent | Gebrochen oder verrenkt |
| I don't prefer | Ich bevorzuge keine |
| Another more | Andere mehr |
| Than the her | Als die |
| With whom I snore | Mit der ich schnarchte |
| Other women | Andere Frauen |
| I hear coming | Die ich kommen höre |
| Might as well be | Sind nicht mehr als |
| Bathroom plumbing | Badinstallationen |
| And there ain't | Und da ist |
| Another that | keine andere mit der |
| I sleep more zz with | Ich mehr srrrr schlafe |
| Than my cat | Als mit meiner Katze |
| What female partner | Welcher weiblicher Partner |

---

41 Auch: Puppe oder Biene als Kosewort.

| | |
|---|---|
| Anyhow | Jedenfalls |
| Could be more passive | Könnte passiver sein |
| Than my cow | Als meine Kuh |
| And who are you | Und wer bist du |
| To say that moo | Daß du sagen kannst diese Muh |
| Is better than | Ist besser als |
| My kangaroo | Mein Känguruh |
| And let's be fair | Und laßt uns fair sein |
| Just what is there | Was gibt es schon |
| To hug me closer | Das mich inniger umarmt |
| Than my bear | Als mein Bär |
| Or make me sick | Oder mich anekelt |
| Or take the mick | Oder sich lustig macht |
| Or love me like | Oder mich liebt |
| My clever dick | Wie mein grinsender Hans |
| I could not wish | Ich könnte mir nicht wünschen |
| For any dish | Irgend eine Puppe |
| That's quieter than | Die stiller ist als |
| My little fish | Mein kleiner Fisch |
| And for intelligent | Und für intelligenten |
| Abuse | Mißbrauch |
| Come and listen | Komm`und lausche |
| To my goose | Meiner Gans |
| And anyway | Und immerhin |
| My dog can play | Mein Hund kann spielen |
| And gets more faithful | Und wird treuer |
| Every day | Jeden Tag |
| So as a pal | So als ein Freund |
| Take my advice | Nimm meinen Rat |
| An animal | Ein Tier |
| Is very nice | Ist wirklich nett |
| I never found | Ich fand nie |
| Another yet | Noch ein anderes |
| So satisfactory | Das so befriedigend war |
| As a pet | Wie ein Schoßtier |
| A dog or cat | Ein Hund oder eine Katze |
| Or come to that | Oder paß' auf |
| A better beast | Ein besseres Biest |
| Or bird or bat | Oder Vogel oder Fledermaus |
| Or other creature fit | Oder eine andere passende Kreatur die |
| To keep with | Mithalten kann |
| Than the | Als die |
| One | Eine |
| I go to sleep with | Mit der ich schlafen gehe |

# 4 Yesterday's You

Wot d'yer fancy then, luv?
Bit of termorrer's new, then?
Or a bit of old yesterday's 'ad it?
Wot we got, then?

> Old yesterday's you,
> Old yesterday's stew,
> Old yesterday's old fashioned mixture everyone knew!
> Old yesterday's chew,
> Old yesterday's view,
> Old yesterday's little old modern young yesterday's you!

Wot we got today then, luv?
Well, let's see, we got
Wot we 'ad yesterday
Done up a bit
Wiv a lick an' a freshener
An' we got
Just come in today
To go wiv it
We got

> All yesterday's news,
> All yesterday's views,
> And guess what's for yesterday's crossword - yesterday's clues!
> All yesterday's blues
> In yesterday's shoes,
> Who's dancing through all my tomorrows? Yesterday's yous!

Wot's new then, luv?
Wot we got today, then?
Well, today we got somefing speshul like
Today we got a real breakfroo
Today we got

> Old yesterday's you,
> Old yesterday's woo,
> Old yesterday's old fashioned pussy cat's old fashioned mew!
> Oh, what shall we do!
> Let's try something new!
> How about little old modern young yesterday's you!

# 4 Gesterns Du

Was stellst du dir denn vor, Liebes?
Ein bischen Neues von Morgen?
Oder hatte es ein wenig vom Alten von gestern?
Was wir da hatten?
Alt Gesterns Du,
Alt Gesterns Eintopf[42]
Alt Gesterns altmodische Mischung, die jeder kannte!
Alt Gesterns Kaugummi,
Alt Gesterns Sichtweise,
Alt Gesterns kleines, alt-modern-junges Gesterns Du!

Was haben wir dann heute, Liebes?
Nun, laß' uns schauen, wir haben,
Was wir gestern hatten,
Ein bischen zurecht gemacht
Mit einem Schlecken und einer Erfrischung
Und wir sind
Gerade heute hereingekommen,
Um mitzugehen
Wir haben

All Gesterns Neues,
All Gesterns Sichtweisen,
Und denk' dir für's gestrige Rätsel die gestrigen Tips!
All Gesterns Trübsinn,
All Gesterns Schuhe,
Wer tanzt durch all meine Morgens? Gesterns Ihr!

Was ist neu dann, Liebes?
Was haben wir dann heute?
Nun, heute haben wir etwas Besonderes
Heute haben wir einen richtigen Durchbruch
Heute haben wir

Alt Gesterns Du,
Alt Gesterns Umwerben,
Alt Gesterns altmodischen Kätzchens altmodisches Miau!
Oh, was sollen wir tun?
Laß' uns etwas Neues probieren.
Wie wär's mit kleinem, alt-modern-jungem Gesterns Du!

---

[42]  Auch: Aufregung.

## 5 The Candle

*Flame*

My love is like a sun for you
To warm you, melt you, let you free,
It lights on every one for you
And what it melts returns to me.

*Wax*

My love is like a fuel to you,
You burn me up to fire your sun,
I only could be cruel to you
To stop the way my love would run.

*Wick*

I am the thread that comes between
To bind you and to let you part:
What could be, is, and might have been,
I am the cord that cleft your heart.

## 5 Die Kerze

*Flamme*

Meine Liebe ist wie eine Sonne für dich,
Dich zu wärmen, zu schmelzen, zu befrei'n,
Sie entzündet jede für dich,
Und was sie zerschmilzt, kehrt zurück zu mir.

*Wachs*

Meine Liebe ist wie Brennstoff für dich,
Du verbrennst mich, um deine Sonne zu heizen,
Ich konnte nur grausam zu dir sein,
Um den Lauf anzuhalten, den meine Liebe gehen würde.

*Docht*

Ich bin der Faden, der dazwischen kommt
Dich zu binden und gehen zu lassen:
Was sein könnte, ist und gewesen sein könnte,
Ich bin der Strick, der dein Herz spaltet.

# 6 Once upon a time

Once upon a time to go to bed now, there lived a very good man. His name was Sir George Pig, or St George for short. Everybody was very sorry for him, being called Pig, so everybody was specially nice to him to make up for it. They all used to say, behind his back, what a dreadful thing to be called Pig, how awful for him, how brave of him to bear it like a man and not change his name to some other animal, such as Fox for example, or Rat. No, perhaps not Rat. Anyway, how brave of him not to, and what a thoroughly good man he must be.

And of course, being called Pig, everybody used to visit him to see what he looked like. But you can't just visit people to see what they look like, so they used to bring him things.

'I've called to bring you this cauliflower,' they used to say, or

'I've just dropped in with this chicken.'

Which was very nice for Sir George, because it meant that he could get on with his work, or enjoy himself as he pleased and not bother with the shopping.

And of course, all the people who called were on their best behaviour, being so sorry for Sir George being called Pig. And they would do little jobs about the house for him, and go away saying

'That man is more than a Sir. He is a Saint.'

And this was how Sir George came to be called St George.

Now it happened that in the Neighbourhood of Pigsty House, in the village of Pigsney, County Snout, where St George lived, there lived a Monster. And this Monster was very fierce and fiery, with smoke coming out of its nose, so that everybody said it must be very evil and bad, to have smoke coming out of its nose. Really it was just like everybody else, only bigger. The smoke coming out of its nose was due to the fact that it smoked.

Now this Monster lived quietly with its Monstress at a place which, as I have already said, was called the Neighbourhood. But for some reason people thought that the Monster and the Monstress ought not to live there, they would rather have somebody else living there, not a Monster and a Monstress who gave the Neighbourhood a bad name. It already had a bad name, of course, being called the Neighbourhood, but they never thought of that. Indeed, the County Council of County Snout had decided to have the Neighbourhood pulled down, so that it could be rebuilt and modernized according to a large Plan drawn up by the County Planner, a very small man called Doctor Worthwhile Whitewash. And, as soon as it was replanned, the bad name of the Neighbourhood would of course be changed to a good name. And the good name Doctor Whitewash had thought of was to call it the Vicinity.

This Plan was very acceptable to the Snout councillors, who all agreed that the sooner the old Neighbourhood was pulled down, and the sooner the modern Vicinity was erected,

# 6 Es war einmal

Es war einmal, um nun zu Bett zu gehen, ein sehr lieber Mann. Sein Name war Sir George Schwein, kurz: St. George. Jedem tat er leid, weil er Schwein genannt wurde, daher war jeder ganz besonders nett zu ihm, um dies auszugleichen. Sie alle sagten damals hinter seinem Rücken, was für eine schreckliche Sache es sei, Schwein zu heißen, wie scheußlich das für ihn sei und wie tapfer von ihm, dies wie ein Mann zu tragen und seinen Namen nicht in den eines anderen Tieres wie zum Beispiel Fuchs oder Ratte umzuwandeln. Nein, Ratte vielleicht doch nicht. Jedenfalls wäre es sehr mutig, dies nicht zu tun, und was für ein gänzlich anständiger Mann er doch sein müsse.

Und weil er Schwein hieß, besuchte ihn natürlich jeder, um zu sehen, wie er aussieht. Aber man kann nicht einfach Leute besuchen gehen, um zu sehen, wie diese ausschauen. Deshalb pflegten sie ihm Dinge mitzubringen.

„Ich schaue vorbei, um ihnen diesen Blumenkohl zu bringen", pflegten sie zu sagen, oder:

„Ich wollte kurz mit diesem Hühnchen hereinschauen."

Was sehr schön für Sir George war, weil dies bedeutete, daß er mit seiner Arbeit weitermachen oder das tun konnte, was ihm gerade gefiel, und sich nicht um das Einkaufen zu kümmern brauchte.

Und natürlich verhielten sich alle Leute, die bei ihm vorbeischauten, sehr manierlich, drückten ihr Bedauern darüber aus, daß Sir George Schwein hieß, und erledigten kleine Hausarbeiten für ihn. Und wenn sie weggingen, sagten sie:

„Dieser Mann ist mehr als ein Sir. Er ist ein Heiliger."

Und so kam es, daß Sir George „Sankt George" genannt wurde.

Nun ergab es sich, daß in der Nachbarschaft des Pigsty[43]-Hauses, im Dorf Schweinhausen in der Grafschaft Schnauze, wo St. George wohnte, ein Monster lebte. Und dieses Monster war sehr wild und feurig, und Rauch kam aus seiner Nase, sodaß jedermann sagte, daß es sehr böse und schlecht sein müsse, wenn Rauch aus seiner Nase käme. In Wirklichkeit war es wie alle anderen auch, nur etwas größer. Der Rauch, der aus seiner Nase kam, verdankte sich der Tatsache, daß es rauchte.

Nun lebte dieses Monster friedlich mit seiner Monsterin an einem Ort, der, wie ich bereits erwähnte, „Nachbarschaft" genannt wurde. Aber aus verschiedenen Gründen dachten die Leute, daß das Monster und die Monsterin nicht dort leben sollten; sie hätten lieber jemand anderen, der dort lebt, nicht ein Monster und eine Monsterin, die der Nachbarschaft einen schlechten Namen geben. Sie hatte bereits einen schlechten Namen: Nachbarschaft, aber sie hatten niemals darüber nachgedacht. In der Tat. Der Verwaltungsrat der Grafschaft Schnauze hatte entschieden, die Nachbarschaft abzureißen, damit sie neu gebaut und entsprechend dem großen Plan, gezeichnet vom Grafschaftsplaner, einem sehr kleinen Mann namens Doktor Lohntsich Weißwasch[44], modernisiert werden konnte. Und sobald sie neu entworfen war, würde der schlechte

---

[43]   Pigsty = Schweinestall.
[44]   Im Original: „Worthwhile Whitewash", lohnendes Weißwaschen.

Name „Nachbarschaft" natürlich in einen schöneren umgewandelt werden. Und der schöne Name, den sich Doktor Weißwasch ausgedacht hatte, war Mitmenschingen[45].

Dieser Plan war den Räten sehr willkommen, die alle darin übereinstimmten, daß je schneller das moderne Mitmenschingen errichtet war, [46]

---

[45]  Im Original: „vicinity"; ein anderes Wort für „neighbourhood", Nachbarschaft.

[46]  [Anmerkung des Verlages: Die Geschichte endet hier scheinbar mitten im Satz. Dies ist eine wohlbekanntes englisches Stilmittel für einen Witz, wie ihn u.a. auch Lewis Carroll benutzte: „And when I found the door was shut/I tried to turn the handle but -"]

## 7 You are my Wife

When you have finished telling your family
How we make love
When you have finished being educated
By men who know nothing
When you have finished being fucked
By men who risk nothing
When you have finished listening
To men who say nothing
When you have finished thinking
You have to finish an unpalatable meal
Because you paid for it
When you have finished supposing
You need a mark on a bit of paper
To open a door that is already open
When you have finished approaching marriage
So determined to make it fail
That you have already decided what to do when it does
When you have finished wanting to prove your greatness
When it is already accepted
When you have finished trying to display your brightness
When it has already lightened my darkness
When you have finished seeking to show off your beauty
When it is already noted
When you have finished adding to your worth
When it is already enough
When you have finished looking for something better
Come back to me
Come back to me
Because you are my wife and I cannot let you go.
Whithout you
The house is silent and I cry
Without you
The house howls although my eyes are dry
Without you
The tree guards no kingdom
Without you
There is no meat
Without you
There is no drink
Without you
There is no sleep
Without you

# 7 Du bist meine Frau

Wenn du aufgehört hast, deiner Familie zu erzählen,
Wie wir Liebe machen,
Wenn du aufgehört hast, erzogen zu werden
Von Männern, die nichts wissen,
Wenn du aufgehört hast, gevögelt zu werden
Von Männern, die nichts riskieren,
Wenn du aufgehört hast, auf Männer zu hören,
Die nichts sagen,
Wenn du aufgehört hast zu glauben,
Du müßtest unappetitliche Speise aufessen,
Weil du dafür bezahlt hast,
Wenn du aufgehört hast anzunehmen,
Du bräuchtest ein Zeichen auf einem bischen Papier,
Um die Tür zu öffnen, die bereits offen ist,
Wenn du aufgehört hast, dich der Heirat so festgelegt zu nähern, daß du sie damit
scheitern läßt,
Und bereits entschieden hast, was du tust, wenn dies geschieht,
Wenn du aufgehört hast, deine Großartigkeit beweisen zu wollen,
Wenn diese bereits anerkannt worden ist,
Wenn du aufgehört hast zu versuchen, deine Klugheit vorzuführen,
Wenn diese längst meine Dunkelheit erleuchtet hat,
Wenn du aufgehört hast zu versuchen, mit deiner Schönheit zu prahlen,
Wenn man diese schon längst bemerkt hat.
Wenn du aufgehört hast, deinen Wert zu steigern,
Wenn dieser schon hoch genug ist,
Wenn du aufgehört hast, nach etwas Besserem zu suchen,
Komm zurück zu mir,
Komm zurück zu mir,
Denn du bist meine Frau, und ich kann dich nicht gehen lassen.
Ohne dich
Ist das Haus still und ich weine,
Ohne dich
Heult das Haus, obwohl meine Augen trocken sind,
Ohne dich
Bewacht der Baum kein Königreich,
Ohne dich
Gibt es kein Fleisch,
Ohne dich
Gibt es nichts zu trinken,
Ohne dich
Gibt es keinen Schlaf,
Ohne dich

There is no waking
Without you
There is no play to be played
Without you
There is no work to be done
Without you
I cannot know
Without you
I cannot say
Without you
I cannot feel
Without you
I cannot be
Without you
I cannot live
Without you
I cannot die
Without you
There is no star
Without you
There is no sky
Without you
The sun cannot run
Without you
The world cannot fly
Without you
Thou art no state
Without you
No prince am I
Because you are my wife
Because you are my wife
Because you are my wife and I cannot let you go.

Gibt es kein Erwachen,
Ohne dich
Gibt es kein Spiel, das gespielt werden kann,
Ohne dich
Ohne dich gibt es keine Arbeit, die getan werden kann,
Kann ich nicht wissen,
Ohne dich
Kann ich nicht sagen,
Ohne dich
Kann ich nicht fühlen,
Ohne dich
Kann ich nicht sein,
Ohne dich
Kann ich nicht leben,
Ohne dich
Kann ich nicht sterben,
Ohne dich
gibt es keinen Stern,
Ohne dich
Gibt es keinen Himmel,
Ohne dich
Kann die Sonne nicht ziehen,
Ohne dich
Kann die Welt nicht fliegen,
Ohne dich
Bist du kein Zustand,
Ohne dich
Bin ich kein Prinz,
Denn du bist meine Frau
Denn du bist meine Frau
Denn du bist meine Frau, und ich kann dich nicht gehen lassen.

# 8 A Great Treasure

A great treasure, my love, cannot be guarded without some deceit.
Before I came to you, my love, I did not know how great my treasure was.
I told you the truth, my love, so you left me. You told me lies, so I still love you.
I remember now that you told me to tell you lies. In my pride I thought I knew better.
Now see how my pride is humbled.
Pray God if you return to me I shall lie to you always. This much I owe you.
The truth is in my being and yours. We do not need words to confirm it. We need words only to deny it, when necessary, to hide it so that it may not be taken away from us.
A man does not put all his most valuable possessions on the pavement outside his house.

## 8 Ein großer Schatz

Ein großer Schatz, meine Liebe, kann nicht ohne etwas Betrug bewacht werden.
Bevor ich zu dir kam, meine Liebe, wußte ich nicht, wie groß mein Schatz war.
Ich sagte dir die Wahrheit, meine Liebe, also verließest du mich. Du belogst mich, also liebe ich dich noch.
Ich erinnere mich jetzt, daß du mir sagtest, ich soll dich belügen. In meinem Stolz dachte ich, ich würde es besser wissen. Nun sieh, wie mein Stolz gedemütigt wird.
Ich bete zu Gott, daß ich dich immer belügen werde, wenn du zu mir zurückkommst. So viel bin ich dir schuldig.
Die Wahrheit liegt in meinem und in deinem Sein. Wir brauchen keine Worte, sie zu bestätigen. Wir benötigen nur Worte, um sie zu leugnen oder, falls nötig, zu verbergen, sodaß sie uns nicht weggenommen werden kann.
Ein Mann stellt seine wertvollsten Stücke nicht auf den Bürgersteig vor seinem Haus.

## 9 Tell me Lies

Tell me lies to make me come
Tell me lies to keep me
Tell me lies to wake me up
Tell me lies to sleep me

Tell me lies to tempt me
Tell me lies to have me
Tell me lies to catch me
Tell me lies to love me

Tell me lies to marry me
Tell me lies to take me
Tell me lies to let me love
Tell me lies to make me

Tell me lies to father me
Tell me lies to grow me
Tell me lies to mother me
Tell me lies to know me

Tell me lies to cherish me
Tell me lies to lay me
Tell me lies to nourish me
Tell me lies to play me

Tell me lies to sew me up
Tell me lies to sleep me
Tell me lies to enter me
Tell me lies to reap me

Tell me lies to comfort me
Tell me lies to ease me
Tell me lies to bear with me
Tell me lies to please me

Tell me lies to make me laugh
Tell me lies to tease me
Tell me lies to buy me up
Tell me lies to lease me

## 9 Belüge mich

Belüge mich, damit ich komme
Belüge mich, um mich zu halten
Belüge mich, um mich aufzuwecken
Lüge mich in den Schlaf

Belüge mich, um mich zu verlocken
Belüge mich, um mich zu haben
Belüge mich, um mich zu fangen
Belüge mich, um mich zu lieben

Belüge mich, um mich zu heiraten
Belüge mich, um mich zu nehmen
Belüge mich, damit ich liebe
Belüge mich, um mich zu machen

Belüge mich, um mich zu zeugen
Belüge mich, damit ich wachse
Belüge mich, um mich zu bemuttern
Belüge mich, um mich zu kennen

Belüge mich, um mich zu hegen
Belüge mich, um mich zu legen
Belüge mich, um mich zu nähren
Belüge mich, um mich zu spielen

Belüge mich, um mich zusammenzunähen
Lüge mich in den Schlaf
Belüge mich, um mich zu betreten
Belüge mich, um mich zu ernten

Belüge mich, um mich zu trösten
Belüge mich, um mich zu erleichtern
Belüge mich, um Geduld mit mir zu haben
Belüge mich, um mir zu gefallen

Belüge mich, damit ich lache
Belüge mich, um mich zu necken
Belüge mich, um mich aufzukaufen
Belüge mich, um mich zu pachten

| | |
|---|---|
| Tell me lies to let me cry | Belüge mich, damit ich weine |
| Tell me lies to blind me | Belüge mich, um mich blind zu machen |
| Tell me lies to fish me | Belüge mich, um mich zu angeln |
| Tell me lies to land me | Belüge mich, um mich zu kriegen |
| | |
| Tell me lies to frighten me | Belüge mich, um mich zu erschrecken |
| Tell me lies to shake me | Belüge mich, um mich zu schütteln |
| Tell me lies to lighten me | Belüge mich, um mich zu erleichtern |
| Tell me lies to wake me | Belüge mich, um mich aufzuwecken |
| | |
| Tell me lies to make me come | Belüge mich, damit ich komme |
| Tell me lies to let me | Belüge mich, um mich zu lassen |
| Tell me lies to cover me | Belüge mich, um mich zu bedecken |
| Tell me lies to get me | Belüge mich, um mich zu bekommen |
| | |
| Tell me lies to carry me | Belüge mich, um mich zu tragen |
| Tell me lies to have me | Belüge mich, um mich zu haben |
| Tell me lies to let me be | Belüge mich, um mich sein zu lassen |
| Tell me lies to love me | Belüge mich, um mich zu lieben |

## 10 The Test

My life is entirely at your disposal
You may kill me for sport if you wish
I accept it in you because I know it with me
You accept me when you accept who you really are
Your idea of yourself is what you think is acceptable
You accept me when you accept more than that
I know your reservations
Because I know mine
Image to image
Mine are dissolving
In yours
I am yours as you please
If you accept it
I enjoy it
I was charged with a great task
I did not know what my reward was to be
It is the greatest
It has been granted to me to be able to accept you
Complete
The task was my test
No other man woman child animal plant or inamimate thing passed the test
No other being in earth or heaven has been or ever will be
Granted this privilege

# 10 Die Prüfung

Mein Leben steht dir voll zur Verfügung
Du darfst mich zum Spaß töten, wenn du willst
Ich akzeptiere das in dir, weil ich es von mir kenne
Du akzeptierst mich, wenn du akzeptierst, wer du wirklich bist
Deine Vorstellung von dir ist das, was du für akzeptabel hältst
Du akzeptierst mich, wenn du mehr als dies akzeptierst
Ich kenne deine Vorbehalte
Weil ich meine kenne
Spiegelbild zu Spiegelbild
Meine lösen sich auf
In deinen
Ich bin dein, wenn es dir gefällt
Wenn du es akzeptierst
Mir gefällt es
Ich wurde mit einer großen Aufgabe betraut
Ich wußte nicht, was meine Belohnung sein sollte
Es ist die größte
Mir wurde gewährt, dich akzeptieren zu können
Vollständig
Die Aufgabe war meine Prüfung
Kein anderer Mann Frau Kind Tier Pflanze oder unbelebtes Ding bestand ihn
Keinem anderen Wesen auf Erden oder im Himmel wurde oder wird jemals
dieses Privileg gewährt werden

57

## 11 Only Two

You like I
One day
Will die
The wind
Will circle
Birds will cry
The world
Continues
And is gone
Where this emblem
Sun once shone

All the trinkets
Of your worth
Tokens of your
Infant birth
Will become
Like mine
Again
Recollections
Of our pain

Only two
Can play
This game
One can
Play it
Just the same
None
Can play it
Otherwise
Minus one's
The one
That dies

I like you
Shall die
One day
Circling

## 11 Nur zwei

Du wie ich
Werden eines Tages
Sterben
Der Wind
Wird kreisen47
Die Vögel weinen
Die Welt
Geht weiter
Und ist fort
Wo dieses Wahrzeichen
Die Sonne einst schien

All die Zeichen
Deines Wertes
Zeichen deiner
Wundersamen Geburt
Werden wie
Meine werden
Wieder
Erinnerungen
Unserer Schmerzen

Dieses Spiel
Geht nur
Zu zweit
Einer kann
Es genauso
Spielen
Keiner
Kann es
Anders spielen
Minus einem ist
Der eine
Der stirbt

Ich wie du
Werden eines Tages
Sterben
Kreisend

---

47 Oder: schwenken.

| | |
|---|---|
| The other way | Den anderen Weg nehmen |
| Where the wind | Wo der Wind |
| Will take | Diese Chance |
| This chance | Nehmen wird |
| A bird | Und ein |
| Of paradise | Vogel des Paradieses |
| Will dance | Tanzen wird |
| | |
| Take me | Nimm mich mit |
| To your | Zu deinem |
| Ancient place | Alten Ort |
| Take me | Dort hin |
| Where I | Wo ich sah |
| Saw your face | Dein Gesicht |
| Sun | Wo Sonne |
| And moon | Und Mond |
| Shone | Schienen |
| On what | Auf das, das |
| When you | Wenn du |
| Are gone | Gegangen bist, |
| The world | Nicht mehr ist |
| Is not | |
| | |
| Can | Kann |
| The cold moon | Der kalte Mond |
| Love | Das Geringere |
| The less | Lieben |
| Can | Kann |
| The emblem | Das Zeichen |
| Sun | Die Sonne |
| Unbless | Unglücklich machen |
| All his | All Ihre |
| Planets | Planeten |
| InIn | |
| Their groove | ihrer Bahn |
| And | Und |
| Eclipse | Verfinstern |
| The way | Den Weg |
| They move | Den sie gehen |

| | |
|---|---|
| Can | Können |
| The wedding | Die Heirats- |
| Bells | Glocken |
| Unring | Erstummen |
| Can | Kann |
| The winging | Der Geflügelte |
| Bird | Vogel |
| Unwing | Seine Flügel verlieren |
| Can | Kann |
| The marriage | Die Heirat |
| Of | Der |
| The earth | Erde |
| Miscarry | Dem Himmel |
| Heaven | Verlorengehen |
| In | In |
| Your birth | Deiner Geburt |
| | |
| You like I | Du wie ich |
| One day | Werden eines Tages |
| Will die | Sterben |
| The wind | Der Wind |
| Will circle | Wird sich drehen |
| Birds will cry | Die Vögel weinen |
| Where this emblem | Wo dieses Zeichen |
| Sun once shone | Die Sonne einst schien |
| The world | Die Welt |
| Continues | Geht weiter |
| And is gone | Und ist fort |

## 12 Benediction

And now to god the father god the son and holy ghost
And now to goddess mum and goddess daughter with the most
And now to godhead being and unbeing in the Place
That I am ever seeing and unseeing in your Face
To desarts of eternity without a night or day
Beyond through every being through beyond what men can say
Beyond and ever inward to the way it all began
Beyond and ever outward to the fallen works of man
And on beyond all this to that unpromising recess
That last familiar secret what not nobody can't guess

## 12 Segen

Und jetzt zu Gott, dem Vater, Gott dem Sohn und Heiligen Geist
Und jetzt zur Göttin Mutter und irre schönen Göttin Tochter
Und jetzt zur Gottheit, seiend und nichtseiend an dem Ort
Den ich immer sehe und nicht sehe in deinem Gesicht
Zu den Wüsten der Ewigkeit ohne Tag und Nacht
Hinter allem Seienden, hinter allem, von dem der Mensch sprechen kann
Hinter und immer nach innen zum Weg, wo alles begann
Hinter und immer nach außen zu der gefallenen Arbeit des Menschen
Und hinter all diesem zur aussichtslosen Nische
Diesem letzten vertrauten Geheimnis, was nicht niemand nicht erraten kann

„Tut, tut, child!" said the Duchess. „Everything's got a moral, if only you can find it."

(Lewis Carroll)


„Tut, tut, Kind!", sprach die Herzogin. „Alles hat eine Moral, wenn du sie nur finden kannst."

(Lewis Carroll)

# Hinausführung

Vielleicht war es meine Weigerung, *mit ihr* die zerstörungswütige Invasion der Familie meiner Geliebten zu teilen, sie wie beim Judo aufzunehmen oder gar sie bei Laune zu halten und selbst äußerlich - wie meine Geliebte - von ihr zerstört zu werden und dann irgendwie zu lernen, sie zu transzendieren, es durchzustehen, wie ich das bei der von meiner eigenen Familie geschmiedeten Zerstörung tat. Vielleicht hätte ich meine Geliebte auf *diese* Art, mit Weisheit und Geduld, mit mir nehmen können. Vielleicht sogar, wenn ich jetzt demütigst vor ihr bereue, kann ich dies immer noch. Ich weiß jedoch, daß ich eine ähnliche Gefälligkeit von ihr benötige und daß sie mir, wenn sie zu mir zurückkommt, diese ohne gefragt zu werden erweisen wird. Sie ist eben so. Die meisten Frauen sind so.

Ich bin es nicht. Ich muß unterrichtet werden. Nur eine Frau kann mich lehren.

Lawrence hatte Recht, wenn er schrieb, daß eine Frau nichts sagen kann, das ein Mann ihr nicht zu sagen beigebracht hat.

Was er ausgelassen hat, war, daß ein Mann nichts wissen kann, das eine Frau ihm nicht zu wissen beigebracht hat.

She hath left me here alone,
　All alone, as unknown,
Who sometimes did me lead herself,
　And me loved as her own.

(Sir Walter Raleigh)[A11]


Sie hat mich hier allein gelassen
　Ganz allein, wie unbekannt,
Die mich manchmal mit sich führte
　Und mich als ihr Eigen liebte.

(Sir Walter Raleigh)

# Brief danach

*Ich weiß, daß nichts daran falsch ist, daß Du Deinen akademischen Abschluß machst, wenn Du meinst, Du müßtest dies tun. Erinnere Dich, ich habe diese Entscheidung immer Dir überlassen, Liebste. Alles, was ich tat, war, mich für Dich erreichbar zu machen, eine Art zweite Richtschnur sollte es sein (obwohl ich hoffe, eines Tages Deine erste zu sein), und solltest Du jemals keine Lust mehr haben oder nicht mehr in der Lage dazu sein, mit dem weiterzumachen, was du jetzt tust, bin ich immer noch da.*

*Ich habe Erfahrung im Lernen wie im Lehren an der Universität, und ich habe viele Graduierte aus archetypischen Gründen scheitern oder aufgeben gesehen, mit der sich daraus ergebenden und ziemlich unnötigen Schande und Qual.*

*Glaube nicht, daß mich zu treffen irgend einen Unterschied gemacht hat. Hättest Du nicht ernsthaft in Erwägung gezogen, durchzufallen oder deinen Grad an den Nagel zu hängen, hättest Du nicht einmal meine Briefe beantwortet. Du bist keine Närrin, Geliebte, obwohl du es vielleicht praktisch findest, dies vorzugeben, wenn du das Familien-Spiel spielst. Du weißt nur zu gut, daß all meine Briefe Liebesbriefe und die Deinen „Komm-schon-Signale" waren. Deine Familie, vor allem Deine Schwester, scheinen Dir die Idee eingetrichtert zu haben, daß darin etwas Falsches ist. Aber denke einmal darüber nach. Die Welt wäre ein wirklich schrecklicher Ort, noch viel furchtbarer, als er es jetzt schon ist, wenn sie nicht für jeden Menschen offen wäre, welcher Klasse, welchen Alters, welchen Berufs, welcher Nationalität oder anderer Zufälle der Geburt auch immer, damit dieser, so nett und schön es ihm gegönnt ist, seine Liebe zu einem anderen Menschen ausdrücken und dieser dies erwidern kann, ohne daß dies durch irgend einen Dritten erlaubt werden muß oder verhindert wird.*

*Ich kann Deinen Archetyp nicht ändern, Geliebte. Das kann niemand. Er ist vorhanden und wird auf seine Art Dein ganzes Leben festlegen. Er ist vorhanden, und wenn Du Dir selbst erlaubst, von ihm bewacht zu werden, kommst Du in den Himmel, und wenn Du ihm widerstehst, in die Hölle. Nicht irgendwann in der Zukunft. In diesem Leben. Das ist das Gesetz. Ich habe es nicht gemacht.*

*Ich kann Deinen Archetyp nicht ändern, sondern ihn nur enthüllen, wie andere für ihre eigenen Ziele versuchen, ihn vor Dir zu verbergen. Es ist wahr, daß ich, wenn ich versuche, ihn Dir zu entschleiern, dies ebenfalls für meine Ziele tue, aber das ist Deine echte Sicherheit, wenn Du einmal darüber nachdenkst. Wie sehr jemand es auch versuchen und wie pflichtbewußt und unbezweifelbar gut er auch immer sein mag - Du kannst einfach nicht sicher sein mit jemandem, dessen eigene Ziele in der letztendlichen Analyse nicht mit Deinen übereinstimmen; nicht mit Deinen zufälligen, persönlichen, sondern Deinen archetypischen Zielen.*

*Ich kann Deinen Archetyp nicht ändern, aber ich kann ihm Leben geben. Ich kann ihn hegen, nähren und mit ihm haushalten, sodaß das, was Du jetzt bist, im Vergleich zu dem, was Du werden wirst, als arm, runzelig und klein erscheinen wird. Und Du, meine Liebste, würdest auch mir denselben Dienst erweisen. Nicht aus einem Pflichtbewußtsein heraus, nicht weil Du Dich dazu gezwungen fühltest, sondern weil Du so gemacht bist. Welche größere Sicherheit als diese kann ein bloß menschliches Wesen haben?*

*Bitte nimm' zur Kenntnis, daß ich nicht versuche, Dir zu sagen, was Dein Archetyp ist; das kann niemand. Du bist immer die Königin Deiner eigenen Domäne, Dir steht es frei, Deinem Archetyp zu dienen oder ihn zu verraten, so Du willst, und es ist - es seie denn, ich werde gefragt - nicht meine Angelegenheit zu sagen, was ich von dem halte, was Du tust. Vielleicht dient es Deinem Archetypus, Deinen Akademikergrad abzuschließen, vielleicht auch nicht. Im Gegensatz zu Deiner Familie erlaube ich mir nicht, darüber zu urteilen, und noch weniger, dich mit gewaltsamem und zerrüttendem Druck zu zwingen, Entscheidungen dann zu treffen, wenn Dein Geist am wenigsten gefaßt ist. Ich weiß, daß sie, und folglich auch Du, diese Fehler auf mich projizieren. Aber bitte frage Dich selbst, Liebste, seit wann nennt man Offenheit, Ehrlichkeit und liebende Güte Druck? Es ist wahr, daß die Liebe uns allen erlaubt zu erzwingen, das zu sein, was wir wirklich sind, und die Grenzen und Begrenzungen unserer Bildung und Erziehung zu stürzen. Du bist ehrgeizig, meine Liebe, was bedeutet, daß Du so großartig sein möchtest, wie Du weißt, daß Du es bist. Es gibt, wenn Du darüber nachdenkst, kein anderes Leben für Dich. Entweder ist Deine Größe bereits jetzt real, oder Du wirst nie großartig sein. Du kannst die Welt nicht betrügen, meine Geliebte. Niemand kann das. Auf die eine oder andere Art. Wenn Du Dich für weniger entscheidest, als Du wirklich bist, wird Dich die Welt verachten.*

*Alle kreativen Menschen, meine Liebste, all jene mit einer ungewöhnlich ausgeprägten Reichweite und Tiefe an Empfänglichkeit, haben Schwierigkeiten mit ihren Familien. Was ihre Familien an Rat, Erziehung usw. zu bieten haben, ist, wie gut auch immer gemeint, für jemanden innerhalb einer der ihren vergleichbaren Stufe bestimmt. Eine Familie paßt sich niemals der Tatsache an, daß eines ihrer Mitglieder außerhalb ihrer Reichweite ist. Es ist immer und immer wieder die Geschichte des Häßlichen Entleins.*

*Ich liebe meine Familie, aber ich folge niemals ihren Ratschlägen. Nie mehr. Du folgst ausschließlich dem Rat von Leuten, die so sind, wie Du sein willst. Und selbst wenn Du so sein willst wie Deine Familie, meine Geliebte, Du kannst es nicht, ebenso wenig, wie ich wie meine sein kann, wie sehr ich dies auch versuche. Die Ratschläge Deiner Familie sind nur für jemanden geeignet, der so wie sie konditioniert ist. Und bei meiner Familie ist das genau so.*

*Es gibt hier einen Ort für dich, wenn Du ihn einnehmen willst. Kannst Du akzeptieren, daß ein Heiratsantrag nicht trivial ist? Indem ich Dir diesen mache, biete ich Dir alles an, was ich anzubieten habe. Es mag nicht viel sein. Doch es ist alles. Indem Du ihn annimmst, bietest Du eine gleiche Gegenleistung. Ich mache ihn ohne Bedenken; Du akzeptierst ihn so. Ob Du Deine Graduierung weiter verfolgst, ist unwesentlich für mich und ist es schon immer gewesen; Du hast daraus eine Streitfrage gemacht, nicht ich. Ein Heiratsangebot und seine Annahme ist ein Versprechen an eine andere Person als solche, kein Gegenstand von Bedingungen und Vorbehalten. Sieh' Dir all die miserablen „Heiraten" um Dich herum an. Warum sind sie so miserabel? Weil jeder der beiden Partner mit Vorbehalten in sie hineingegangen ist. Mit einer bestimmten Moral, stammesrechtlichen-, sozialen-, idealistischen- oder humanitären Prinzipien, wenn Du so willst. Und am Ende sind die Vorbehalte alles, was von der Heirat übrig bleibt. Nur ein paar Vorbehalte, wie man das Haus teilt, mit einigen kleinen Verabredungen, um ihre Nicht-Verbindung zu binden.*

*Ich kann meine Funktion als Mann nicht einfach abschaffen, nur weil sie durch jahrelange Nichtbeachtung verdeckt worden ist. Ich muß sie wiederfinden. Ich kann Dich nicht retten, wenn Du das Baby aus der Wanne wirfst, weil das Badewasser schmutzig ist.*

*Um Dich zu retten, muß ich Dir sagen, wer Du bist. Um mich zu retten, mußt Du mir zeigen, wer Du bist. Um Dich zu retten, muß ich Dir sagen, wer ich bin. Um mich zu retten, mußt Du mir zeigen, wer ich bin. Dies ist das Gesetz. Die Tatsache, daß es ignoriert wird, macht es nicht weniger gültig. Das Gesetz der Schwerkraft wird nicht dadurch geschwächt, daß es ignoriert wird und man von einer Klippe oder unter einen Bus fällt. An der Tatsache, daß das Gesetz des Zusammenwirkens von Männlichem und Weiblichem ignoriert wird, der Tatsache, daß unsere grundlegend unterschiedlichen Funktionen falsch identifiziert werden, liegt es, daß die Welt zerbricht und mit einer stetig wachsenden Beschleunigung ihrer ureigenen selbst-geführten Selbst-Zerstörung entgegenfällt. Zur Zeit bewegen sich alle Systeme. In Richtung Zerstörung.*

*Indem sie uns an diesen Ort brachten, hatten unsere Familien keine andere Wahl, als ihre schwierigen und undankbaren Aufgaben zu erfüllen. Um sie bis zu dem Moment, wo sie nützlich ist, zu bändigen, muß einer großen Kraft stark widerstanden werden. Der Zylinder widersteht der Dampfkraft, ohne den ihre Energie nutzlos verschwendet wird. Dies ist die Versöhnung zwischen der Aussage der Jüdischen Christen, daß man nicht zu Ihm heimkehren kann, ohne Vater und Mutter zu hassen, und dem Gesetz von Moses, daß man sie auch ehren soll.*

*Genauso hat die Welt heute keine andere Wahl, als sich selbst zu zerstören, um Platz für eine neue Welt zu schaffen, die sich aus der Asche der alten erheben wird. Wir, als die Geschöpfe, die über beide Welten eine Brücke schlagen, müssen dazu in der Lage sein, beide Gesetzes-Sets zu meistern und angemessen zu nutzen. Es ist nicht gut, in einer Welt zu leben, wie ich es manchmal tue, und hartnäckig so zu handeln, als sei es die andere. Ich brauche Deine Hilfe hier, um sie zu unterscheiden. Unsere Aufgabe ist groß genug. Wir müssen, wenn wir wollen, in der alten und der neuen Welt überleben und den Holocaust überstehen, der zwischen diesen beiden steht. Keiner von uns beiden kann dies allein erreichen, aber zusammen können wir es. Wie Wells sagte: „Männer sind langsamer und stumpfsinniger, Frauen sind lebendiger und dümmer." Um allein zu überleben, bin ich zu stumpfsinnig und Du zu dumm. Tausche dies zwischen uns aus, und Deine Dummheit wird die eigentliche Geschwindigkeit der ewigen Lebensquelle, welche das sichere Fundament und die sichere Formalität meiner Stumpfsinnigkeit belebt, dieser Dauerhaftigkeit verleiht und sie davor bewahrt, sich ins Nichts zu zerstreuen, bevor sie die angestammte Zeit lang gedient hat. Nur Du, eine Frau, gibt meiner Form Leben, nur ich, ein Mann, gebe Deinem Leben Form.*

*Wann immer Du ihn also einnehmen willst, es gibt hier einen Ort für Dich, in der Universität meines und Deines Seins. Gerade so lange, wie die Tür zwischen uns offen gehalten werden kann. Denn immer, immer, immer ist es die Frau, die wählt - was mir völlig unmöglich war, Deinem Vater zu erklären. Wie sehr die Tradition dies auch anders sehen mag, alles, was wir Männer tun können, ist, uns verfügbar zu machen. Und hat sich ein Mann auf diese Weise verfügbar gemacht, hat sich der König dem Paarungs-Netz ausgesetzt, wird er von der ersten Königin genommen, die ihn für einen guten Fang hält. Und, wer immer sie auch ist, er wird sie lieben. Wenn er eine kurze Zeit gelebt hat, wird er sie eine kurze Zeit lieben. Und wenn er lange Zeit gelebt hat, wird er sie eine lange Zeit lieben. Wie könnte es anders sein?*

*Kannst Du sehen, daß in dieser Botschaft keine Zumutung[48] ist? Du, und nur Du, zeigst mir, was zu sagen ist. Bevor ich Dich traf, wußte ich das nicht. Ich sage nur, was Du mich lehrst zu sagen. Ich tue nur, was Du mich lehrst zu tun. Ich liebe nur, was Du mich lehrst zu lieben.*

---

[48] Im Original: imposition. Strafe, Pflicht, Auflage, Ausnutzung.

When we remember we are all mad,
the mysteries disappear and life
stands explained.

(Mark Twain)


Wenn wir uns daran erinnern, daß wir alle verrückt
sind,
verschwinden die Rätsel, und das Leben
bleibt erklärt.

(Mark Twain)

# Postskriptum

Diesen Brief schickte ich zusammen mit den Gedichten ab und bekam keine Antwort. Ich rief sie an. Sie sagte, sie würde nicht antworten. Sie glaubte, sie würde einen Nervenzusammenbruch bekommen.

Ich rechnete mir aus, daß ich sie noch am selben Tag mit dem Zug erreichen könnte, und machte mich auf den Weg. Sie war nicht da, sodaß ich sie tatsächlich bis zum nächsten Tag nicht sah.

In der Zwischenzeit unterhielten mich ihre Mitbewohner, und als sie nicht zurückkam, ließen sie mich auf dem Boden schlafen. Sie waren alle extrem besorgt um sie und mir gegenüber ein wenig verlegen wegen dem, was passiert war.

Als ich sie schließlich am nächsten Tag sah, war sie kalt und distanziert. Sie sah nicht glücklich aus, und ich fühlte mich nach der langen Reise und einer Nacht auf dem Fußboden miserabel.

Sie war zu dem Jungen zurückgegangen, mit dem sie zusammen gewesen war, bevor sie mich traf. Mir dies nicht zu erzählen, erkannte ich, sollte ihr die Option für mich offen halten.

Ich erkannte jetzt auch, daß wenn sie diese Option nicht aufgeben würde, ich dies tun müßte. Ich fühlte mich, als würde ich zu Tode bluten. Ich mußte Schluß machen.

Ob sie sich von ihrer Seite aus von mir trennen würde, ob sie es überleben würde, einen anderen Mann zu heiraten, und ob sie am Ende in der Lage sein würde, den Kurs, den sie genommen hatte, zu rechtfertigen, wußte ich nicht.

Die Kinder spielen ein Spiel, wenn die Flut kommt. Sie umgeben sich mit einer „undurchdringlichen" Mauer aus Sand, die so lange wie möglich das Wasser fernhalten soll. Natürlich sickert das Wasser herein, bricht eventuell durch und spült alle heraus. Es ist ein gutes Spiel. Die Erwachsenen spielen ein ähnliches, indem sie sich mit einer „undurchdringlichen" Argumentenmauer umgeben, welche die Wirklichkeit fernhalten soll. Die Wirklichkeit sickert natürlich ein, und eventuell bricht sie durch und spült uns alle heraus.

Wenn sich ein Mann eine Frau nimmt, wird er der Prinz all ihrer Zustände. Genauer gesagt, ist er der Prinz all der Zustände, in denen sie ihm zu reiten gestattet und in denen er willens und imstande ist zu reiten. Indem er in diese Zustände hinein gelangt, bringt und hält er jeden einzelnen in Ordnung und verteidigt ihn mit seinem Körper, und umgekehrt wird ihm erlaubt, seinen Anteil an Nutzen daraus zu ziehen.

Manche Frauen halten einige ihrer Zustände zurück und erlauben nicht einmal ihrem Ehemann, diese zu betreten. Einige Männer halten einige ihrer Fähigkeiten zurück, die sie anderswo anbieten oder für sich behalten, anstatt sie in den Dienst der Frau zu stellen. In dem Ausmaß, wie diese Zurückhaltungen existieren, ist eine Heirat unvollständig.

Meine Geliebte hielt keinen ihrer Zustände vor mir zurück, und ich ebenso wenig meine Talente vor ihr. Insoweit war unsere Heirat vollständig. Doch unter den Zuständen, deren Prinzessin sie war - unter dem Erbe, von dem sie durch Heirat Königin werden würde - gab es bestimmte starke, aber widerspenstige Zustände, vor allem ihr Vater, ihre Mutter, ihre ältere Schwester und ihre Internalisierungen dieser. Was ich ihr sagte, hätte in Wirklichkeit dies sein können.

„Ich sehe, meine Liebe, daß du bestimmte widerspenstige Zustände besitzt und deren Türen weit aufgerissen hast, auch für mich. Doch wenn ich dort hineinreite, wirft mir die Bevölkerung Eier ins Gesicht und versucht, mich von meinem Pferd zu werfen. Ich möchte gern beliebt sein, denn es ist unangenehm, unbeliebt zu sein; und ich bin mir auch nicht sicher, ob ich wirklich der Führer solcher Zustände sein will. Außerdem, um ehrlich zu sein, fürchte ich mich etwas vor dem Volk dort und weiß nicht, wie ich mich gegen es schützen soll, und du weißt genauso gut wie ich, meine Liebe, daß ein König nichts regieren kann, vor dem er sich fürchtet.

Ich schlage vor, meine Liebe, daß du diese Zustände, da du ihnen gestattest hast, so durcheinanderzugeraten, selber regierst oder, noch besser, daß wir sie von unserem Königreich abtrennen und ihnen erlauben, ihren eigenen Weg zu gehen."

Worauf sie vielleicht erwidern würde: „Ich habe über deinen Vorschlag nachgedacht, und obwohl ich natürlich an einem Prinzen interessiert bin, der Teile meiner Domäne, die nie zuvor ein Mann betreten hat, betritt, der sie in Ordnung gebracht, mit ihnen hausgehalten und reichlichste und befriedigendste Ernte daraus gewonnen hat, deren Früchte wir uns teilten, finde ich aus sentimentalen und anderen Gründen, daß ich es nicht anbieten kann, meine widerspenstigen Zustände einfach nur deshalb aufzugeben, weil du Angst hast oder nicht weißt, wie du auch dort König sein und haushalten kannst, wie du dies mit meinen Zuständen fruchtbareren Bodens und freundlicheren Klimas getan hast.

Deshalb bedaure ich es, obgleich ich deine wirklich wundervolle Arbeit woanders sehr zu schätzen weiß, daß ich dein Heiratsangebot, welches sich nicht auf diese Zustände, die in gewisser Weise mehr deiner Hilfe bedürfen als andere, die du bereits in ziemlich guter Ordnung, wenn auch unkultiviert, vorgefunden hast, erstreckt, nicht annehmen kann.

Da du in andrer Hinsicht all das bist, was ich immer wollte, tut es mir sehr leid, daß ich mich nun von dir verabschieden muß und zu meinem früheren Freier zurückgehe. Er mag nicht so gescheit wie du sein, aber wenigstens kennt er sich in diesen Ländern aus und fürchtet sich nicht vor den Leuten dort. Er könnte einige Hilfe geben, was mehr ist als das, was du angeboten hast. Du botest an, nichts zu tun.

Vielleicht werde ich diese Zustände später weniger wichtig finden als jetzt, und vielleicht wirst du auch lernen, keine Angst mehr vor den Leuten dort zu haben, sodaß du sie betreten und dort umherreiten kannst, ohne von deinem Pferd gestoßen zu werden. Möglicherweise würden die Leute nicht mehr das Gefühl haben, dich vom Pferd stoßen zu müssen, wenn du von ihm heruntersteigen und zu ihnen gehen würdest. Zu diesem Zeitpunkt bin ich vielleicht frei, um dein Angebot, mein Ehemann zu sein, zu überdenken."

Wäre dies unsere archetypische Unterhaltung gewesen, dann hätte dies, was immer wir zu dieser Zeit einander gesagt hätten, nicht den Kern der Sache berührt, es wäre wie das Scheppern von Mülltonnendeckeln vor dem Haus gewesen. Wenn ich den Stand der Dinge nicht ins Bewußtsein bringen kann, wie könnte das von ihr erwartet werden?

Die chinesische Musikskala besteht aus folgenden Tönen:

d r f s d'

**1**    $\dfrac{9}{8}$    $\dfrac{4}{3}$    $\dfrac{3}{2}$    $\dfrac{16}{9}$   **2**

und bereitet christlichen Missionaren ernste Schwierigkeiten, weil es unmöglich ist, die gewöhnlichen westlichen Hymnen-Melodien dem musikalischen System diesen Landes anzupassen.

H. Gossin

# Andere Bücher

Auf eine Art ist das Paradies das, was wir ohne Rücksicht dessen, was uns der Zusammenhang sein läßt, sind. Praktisch unsere gesamte Bildung und Erziehung dient dazu, uns in den Zusammenhang einzupassen und an ihn zu binden.

Wo sich die Tragödie übernimmt, ist Komödie. Wo Komödie sich selbst vergißt, ist Tragödie.

Wir überlassen die Erziehung der jungen Menschen ernsthaften, hochgeistigen Personen. Das bereitet diese nur auf die Tragödie vor. Hochgeistige Ernsthaftigkeit wird mit Verantwortung verwechselt. In Wirklichkeit ist es verantwortungslos zu versäumen, auf die andere Seite der menschlichen Natur einzugehen.

Wir müssen den Zusammenhang unserer Kultur nicht ausschließlich von den hochgeistigen alten Griechen und den humorlosen alten Juden ableiten. Beide produzierten auf ihre Art hochgradig homosexuelle und daher sehr kriegerische Kulturen. Es gibt sowohl vor deren Zeit als auch seitdem weisere, reifere, weniger aggressive und weniger schmerzvolle Fenster, durch die man die Welt betrachten und sich auf sie beziehen kann.

Hüte dich vor dem Experten, dem Spezialisten, der alles über sehr wenig und sehr wenig über alles weiß. Denke dran, er ist ein Mietling; jemand bezahlt ihn dafür, eine Meinung herauszuputzen und mit ihr im schmeichelhaftesten Licht zu protzen. Stelle ihn in einen anderen Stall, besorge ihm einen anderen Zahlmeister, und er wird dir genau das Gegenteil erzählen; schließlich hat er Frau und Kinder zu versorgen. Was glaubst du, warum die Haushaltspläne für die Regierungsausgaben usw. immer so hoffnungslos falsch sind? Weil sie von Experten erstellt werden. Du, liebe/r LeserIn, und ich können mit *Schätzen* jederzeit näher an der Wahrheit liegen, als dies der Experte jemals *kalkulieren* wird.

Wenn ein Mann nicht durch die Tugend, ein Mann zu sein, zum Mann wird, wohin sonst als zu etwas, das weniger als ein Mann ist, kann er dann dadurch kommen, daß er sich qualifiziert? Die Menschen sind so, daß sie die Bedeutung von „qualifizieren" vergessen - du qualifizierst etwas und machst es damit zu *weniger*, als es ursprünglich war, nicht zu mehr. Ein wie immer qualifizierter Mann ist weniger als ein ganzer. Nur durch Aufhebung seiner Qualifikation und durch Kultivierung seinerselbst, indem er von dem Außenposten seines Ego zum Königreich seines Archetyps zurückkehrt und den Schein seines „I" von der Realität seines „Me"[49] aus regiert, kann ein Mann zur Ganzheit zurückkehren.

Für mein Geschlecht sprechend, kann ich sagen, daß jeder Mann Poet, Liebhaber, Schauspieler, Bildhauer, Baumeister, Forscher, Kämpfer, Navigator, Kartograph, Mathematiker, Redner, Jongleur, Dieb, Lügner, Bettler, Geschichtenerzähler, Maler, Soldat, Matrose, Kesselflicker, Schneider, Bauer, Jäger, Reisender, Priester, Doktor, Heiliger, Engel, Teufel und Gott ist. Für den Anfang. Und all dies ist oder kann er sein

---

[49]  „I" und „Me" sind soziologische Begriffe (Ich und Mich), die G.H. Mead eingeführt hat. Das Me ist die Vorstellung des Individuums davon, wie es von anderen Menschen gesehen und was von ihm erwartet wird. Das I ist die nicht durch soziale Rollen festgelegte Selbst-Komponente, die durch Reflexion des Me Individualität erlebt.

*durch die Tugend*, ein Mann zu sein, nicht *mit dem Aufwand*, ein Mann zu sein. Und all dies, am richtigen Ort und zur richtigen Zeit, würde er sein, gäbe es nicht so viele Experten-Spötter. Zum besten seiner Fähigkeiten. Auch Sänger, Komponist, Spieler, Tänzer, Lehrer, Lernender, St. George, der Drachen, Sünder, Reuiger, Händler, Prostituierter, Athlet, Bruder, Sohn, guter Junge, böser Junge, Sklave, Meister, Orakel, Visionär, Heiler, Magier, König, Prinz, Adliger, Diener, Narr, Philosoph, Flüchtling, Minister, Kritiker, ehelos, verschwenderisch; und nur wenn er - und vorher nicht - damit aufgehört hat, sich aus all diesem *herauszutrennen*, und es alles in sich selbst zurückgeschraubt hat, kann er all dies zu einem Geschenk (ja, ich sagte „all dies"; es gibt da keine Zurückhaltung) für ein nettes, junges Mädchen machen und ihr liebevoller Ehemann werden.[A12] Und sie kann ihrerseits genau so alles geben, was sie hat, was immer es ist, und seine liebevolle Ehefrau[A12] werden, und in diesem Moment vervollständigen sie den Kreis. Sie erkennen, daß sie das, was sie weggegeben haben, immer noch besitzen, und unendlich viel mehr. *Sie sind* neutralisiert und befreit. Sie sind es.

Was zum Teufel[A13] ist diese sogenannte Identität überhaupt? Was ist es, von dem man annimmt, daß es uns alle in dem einsperrt, was zufällig gestern unser Aussehen ausmachte? Gestern trug ich einen blauen Anzug. Daher wird heute von mir *erwartet*, daß ich einen blauen Anzug trage. Und so können sie mich morgen Herr Blauanzug nennen. Die wohlbekannte Persönlichkeit. Sind wir alle total verrückt geworden? Wir scheinen diese kindische Zwangsvorstellung zur Persönlichkeit zu haben, zu dem bloß Oberflächlichen, dem, was nur Material zur Kommunikation mit anderem Material ist. Wir werden reingelegt wie ein Schaf, ins Lächerliche getrieben. Wir fanden es klug, in unseren Persönlichkeiten zu leben. Genau so gut könnte sich eine Nation ausmerzen und nur ihre ausländischen Botschaften aufrechterhalten.

Hochmütig gehen die Spötter, die qualifizierten Leute, jene, die entschieden haben, „was" sie sind (*de* = herunter, ab, *caedere* = schneiden: decide = zerschneiden, abschneiden).[50] Spöttisch spöttisch gehen sie; da sie sich selbst zu solch tolpatschigen Halbkreaturen zusammengeschnitten haben, müssen sie jeden anderen verspotten, verspotten, verspotten und auf ihr Maß herunterschneiden, herunterschneiden, herunterschneiden, und sie müssen alles machen, damit das, was sie sich selbst antaten, weniger schrecklich erscheint, um zu verhindern, daß man sieht, was für einen Haufen grotesken Zeugs sie damit erhielten und was sie dafür bezahlen mußten.

Die Massenmedien dulden das alle. Was ist ihre Meinung als Volkswirt, Dr. Pigstein? Statt: Was ist ihre Antwort als Mann darauf. Oh nein, das ist nicht gut genug. Der Mann ist außer Kraft gesetzt, niemand hört noch auf Männer, man erwartet von uns, daß wir auf Volkswirte, Ontologisten, Soziologen und andere derartige Idioten hören. Die letzte Erniedrigung ist erreicht, und dem Teil wird der Vorrang über dem Ganzen gegeben.

Dies ist natürlich die ultimate, unauslösbare Sünde. Havelock Ellis definierte einst Korruption als das Aufbrechen des Ganzen zu Gunsten seiner Teile. Bevorzuge die

---

[50]  Die Analyse in der Klammer bezieht sich auf die lateinischen Wurzeln des im englischen Original verwendeten Wortes „decide" für „entscheiden".

Teile, ignoriere das Ganze, und schon hast du sie. Die Welt fliegt in Stücke, gerade so, wie der Körper zerfällt, wenn du ihn den Mikroben überläßt. Und die Mikroben überleben auch nicht, du bekommst keine Dankbarkeit von ihnen. Das ist alles, Kumpel. Lege die Welt in die Hände von Experten, und du hattest sie gehabt; du könntest genauso gut anfangen, eine neue Welt zu suchen. Mit dieser jedenfalls wirst du keine Freude mehr haben.[A14]

Mit dem Experten stimmt nicht, daß er ein so vollendeter *Hersteller* ist. Wir sind alle so ängstlich gegenüber der Realität geworden. Wir wollen sie konserviert, dehydriert, entschärft, sicher gemacht, in Stückchen geschnitten, zubereitet in praktische, arbeitssparende, entbehrliche Päckchen. Die Realität ist im Naturzustand etwas, das wir uns immer als den anderen passierend vorstellen, das wir uns aus sicherer Entfernung in der Flimmerkiste ansehen können. Laß es um jeden Preis nicht uns passieren!

Eine meiner Tanten sagte, als sie starb: „Warum sollte das *mir* passieren?" Meine liebe Tante, zufälligerweise passiert uns das allen. Du bist nicht persönlich für eine einmalige und speziell unangenehme Erfahrung namens Sterben ausgewählt worden, und sollte es dir auch so erscheinen, diejenigen, die dir das haben so erscheinen lassen, tragen schwere Schuld. Mir ist es egal, wie herzlos das klingt, aber ich bin darauf vorbereitet, gegen alle, die da ankommen, zu behaupten, das es scheußlich falsch, teuflisch böse und betrügerisch inhuman ist, diese verlogenen Spiele mit dem Tod zu spielen, so zu tun, als sei er eine Art *faux pas*, der nur anderen Leuten passiert - was niemand, der bei klarem Verstand ist, erwägen würde. Aus meiner Sicht ist es anmaßendste Eingebildetheit eines jeden zu versuchen, eine der realsten, wichtigsten, bedeutungsvollsten und notwendigen Erfahrungen, die jeder von uns haben wird, außer Kraft zu setzen, zu trivialisieren, zu *verschweigen* und diese irgendwie schändlich und herabsetzend erscheinen zu lassen. Ein Sterbender hat genug zu leiden, ohne daß er seine Erfahrungen außer Kraft gesetzt und sterilisiert hat. Er hat das Ende seines Lebens erreicht, er ist so weise, wie er nur jemals sein kann, er muß nichts mehr lernen, er beginnt seine Abreise. Der Anlaß ist bedeutsam, ob wir glauben, er kommt in den Himmel, die Hölle, ins Fegefeuer, in die Vorhölle, ins Nirvana, das erste Bardo[51], in eine andere Welt oder einfach nirgendwo hin. Könnten wir unsere Meinungen nicht einfach ausnahmsweise in den Hintergrund stellen - sie nützen ihm jetzt nichts - und seinen Erfahrungen, was immer diese sein mögen, eine Aufwartung machen und ihm damit vielleicht helfen, sich damit abzufinden und sie für sich selbst zu bestätigen? Und mit Gott oder wem immer hoffen, daß jemand freundlich genug sein möge, das gleiche für uns zu tun, wenn wir an der Reihe sind.

Was ist mit uns geschehen? Wir scheinen so ängstlich geworden zu sein, so voller Furcht vor allem Realen und so in Verlegenheit, daß wir versuchen, unsere Realität von außen zu nehmen, sie von anderen zu stehlen, stellvertretend dazu zu kommen, sodaß wir ihr gegenüber nicht verantwortlich sind. Wir ziehen es vor, masturbierend in den Boxen zu sitzen, während ein Geschlechtsakt auf der Bühne aufgeführt wird. Ein ungültiger Geschlechtsakt obendrein, weil er nicht *aus eigenem Antrieb* durchgeführt,

---

[51]   *Die aufeinanderfolgenden Bardozustände, die im Tibetanischen Totenbuch und anderswo beschrieben werden, sind die Bewußtseinszustände, die zwischen Tod und Wiedergeburt erfahren werden. (GS-B, 8.4.1994).*

nicht um seiner selbst Willen praktiziert wurde, sondern in Hinblick darauf, dabei beobachtet und kritisiert zu werden und für Gesprächsstoff zu sorgen. Wir haben eine Kultur von Voyeuren errichtet, wir sind eine Zivilisation von Ermittlern geworden.

Frau Brown aus Balham, eine gewöhnliche, nicht sehr musikalische Hausfrau ohne sachkundige Ausbildung in der Kompositionskunst, begann wunderbare Musik zu schreiben, die in puncto Form und Inhalt durchaus mit der von Liszt, Chopin, Brahms und anderer Komponisten vergleichbar war, die ihr, wie sie sagt, Inspiration geben und sie durch technische Schwierigkeiten führen, die andernfalls weit hinter ihren Möglichkeiten lägen. Und was machen wir? Anstatt soviel wie möglich davon zu unserer Freude und Anleitung aufzunehmen und zu veröffentlichen, schicken wir Experten aus, um herauszufinden, wie sie das macht - ohne den geringsten Erfolg. Und ein Berühmter Pianist - in der Glotze - schaut, statt es uns vorzuspielen, verlegen drein und sagt, er hoffe, daß es eine rationale Erklärung dafür gebe. Will er eine rationale Erklärung für Bach, Mozart, Beethoven? Spielt er in seinen Konzerten nur Musik, für die es eine rationale Erklärung gibt? Musik mit dem Stempel der Logik und dem Segen des Computers? Wäre dies so, glaube ich nicht, daß viele Leute sie hören würden.

Kein Poet braucht Frau Browns Fähigkeit zu *erforschen*, natürlich nicht. Er kennt bereits ganz genau das Geheimnis, das sie in sich selbst entdeckt hat. Es ist kein Geheimnis, das sich dem Forschenden eröffnet.

Dank unserer Sachkenntnis haben wir es bereits geschafft, nahezu alles aus der Existenz hinauszuforschen. Tiere sind ausgestorben; das ist OK, wir haben ja Filme und Bandaufnahmen. Ganze Völker mit unterschiedlichen selbständigen Lebensarten sind überlaufen, ausgebeutet, verdorben und ausgelöscht worden; das ist OK, wir haben ja anthropologische Studien von ihnen angefertigt. Die Erde wird vergiftet und unfruchtbar gemacht; das ist OK, die Encyclopaedia Britannica wird uns beschreiben, wie sie einst ausgesehen hat.

Wir haben einen gefährlichen und räuberischen Lebensstil erfunden, der nicht selbstbestimmt sein kann, weil er schneller konsumiert, als wieder aufgefüllt wird, weil er sich schneller vermehrt, als gestorben wird; eine ethnologisch irrsinnige Art der Existenz, die sogar, mit missionarischem Eifer, bisher beständige und selbstbestimmte Gemeinschaften mit ihrer Krankheit infiziert. Einfache Arithmetik und in der Tat alles andere im Holokosmos schreien heraus, daß dies so ist, dennoch wird die Menschheit, ist sie erst einmal mit dieser Krankheit infiziert, taub gegenüber noch so lauten Stimmen, blind gegenüber noch so hellem Licht, rasend und phantasierend und verrückter als das verrückteste Gadarener-Schwein[52]. Kurzum, wenn er all das, was es sonst in der Welt gibt, verschlungen, infiziert oder vergiftet hat, wird nur noch er selbst über bleiben, dem er nachstellen kann. Ein sich quälender, sterbender, selbstfressender Krebs.

Unsere ganze soziale und ökonomische Politik liest sich wie ein Lehrbuch für Geschwülste über das Thema, wie man einen Tumor entstehen läßt. Werdet lieber

---

[52]  Damit sind die Schweine der Gadarener gemeint, die in der Bibel, Matthäus 8, 28-34, erwähnt werden. Jesus trieb die bösen Geister zweier Besessener aus und ließ sie in eine Herde Säue fahren, woraufhin diese sich von einer Klippe in einen See stürzten und damit wie Lemminge Selbstmord begingen.

gefährlich emsig, als harmlos untätig zu bleiben. Stellt eure Produktivitätsrate über eure Verfallsrate. Laßt euren Export größer als die Importe werden und tut gleichzeitig, was ihr könnt, um euren Rohstoffverbrauch zu erhöhen. Erhöht die Bevölkerungszahl. Standardisiert eure Einheiten. Und vor allem schickt Arbeitsgruppen und Missionen zu all den armen Narren in den Regionen, in denen sie all das noch nicht gelernt haben, und wartet ihnen mit den Vorteilen einer diffusen Philosophie auf, die zu Expansion, Mechanisierung, Produktivität, Wachstum anspornt, welch „rückständiger" und „primitiver" Evangelien auch immer sie sich bisher erfreut haben mochten, bevor ihr die Szene betratet.

Du kannst nun mal keine Welt haben, in der jedes Land mehr exportiert, als es importiert. Warum nicht? Weil die Rechnung nicht aufgeht. Diese und Dutzende anderer geisteskranker Platitüden sind die Produkte der Experten-Mentalität, die bezahlt werden, um ein Spezialgebiet zu beackern und sich nicht um das Ganze zu scheren.

Oh, Experte, du hast viel auf dem Kerbholz. Und dennoch, wie können wir dir die ganze Schuld geben? Du bist genauso das Produkt wie die Ursache. Wir haben ein System ersonnen, in dem jeder, der kein Experte ist, in der Kälte stehen gelassen, als nutzlos angesehen, und dem Verhungern überlassen wird; die Dinge entwickeln sich immer schneller vom Schlechten zum Schlechteren, und plötzlich fangen alle Kessel und Töpfe an, sich gegenseitig anzuschreien, wie schwarz sie sind. Und alle Experten treffen sich und kommen mit der Antwort heraus: mehr Experten!

Die im Herstellen oder Bewegen von Dingen geschickten Leute, die einen Handel beherrschen oder einem Job nachgehen und sich um ihre eigenen Dinge kümmern, sind es nicht, die uns so weit von der Realität wegbringen. Es sind die Leute, die nichts tun außer *reden*.

Es findet so viel Gerede statt, so viele Wörter werden umhergeschleudert, daß niemand etwas sehen kann. Wir schicken ein Kind zur Schule, dann zur Universität und dann auf einen Graduiertenkurs. Zwanzig Jahre Gerede, Gerede, Gerede, Gerede, Gerede, Gerede, Gerede, Gerede, Gerede, Gerede, Gerede, Gerede, Gerede, Gerede, Gerede, Gerede, Gerede, Gerede, Gerede, Gerede, Gerede. Mit dem Ergebnis, daß das Kind am Ende des Ganzen überhaupt nichts weiß und überhaupt nichts tun kann. Außer reden.

Du verläßt die Universität. Du gehst zu einer Dinnerparty. Es gibt eine Gesprächspause. Schnell, irgendwer, sage etwas, irgend etwas, bevor eine angsterregende Realität Platz greift. Schnell, vertusche sie, lenke uns ab von ihr, lasse die Unterhaltung weitergehen.

Unterhalten wird zur Regel. Reden ist höflich. Nicht zu reden, ist unhöflich. Unterhalten ist das Spiel. Will sich jemand unterhalten? Tut mir leid, mein Herr, meine Dame, die Regeln erlauben es nicht, daß andere Spiele in diesem Club gespielt werden.

Verblaßt durch Jahre des Redens, hört die Realität auf, das zu sein, was du siehst, fühlst, schmeckst und riechst; sie wird zu dem, was du erzählt bekommst, was du in den Zeitungen liest, was die Kommentatoren sagen.

Du glaubst mir nicht? Eines Tages fing mein Auto Feuer auf der Autobahn. Ich hielt es auf dem Standstreifen an, rettete soviel von meinem Gepäck, wie ich mich traute, kletterte die Grasböschung empor, setzte mich hin und sah zu, wie es verbrannte. Die

Polizei traf ein. Die Löschfahrzeuge kamen. Andere Fahrer hielten ihre Wagen an, stiegen aus und kletterten die Böschung zu mir herauf. Das erste, was sie sagten, war: „Brennt er?"

Irgendwie vorsichtig, wie du siehst. OK, es sieht so aus, als brenne es, aber wir vergewissern uns lieber, wir hätten gerne jemanden, der es uns sagt, wir würden lieber von einer Autorität hören, was los ist. Wir fragen lieber den Besitzer. Es ist sein Wagen. Er sollte wissen, ob er brennt oder nicht. Wenn er „ja" sagt, wird das schon stimmen, wir können nach Hause gehen und erzählen, wir sahen ein Auto brennen.

Weg von dem Auto. Du fühlst dich krank. Du weißt nicht, was dir fehlt. Du gehst zu einem Arzt. Er sagt, du hast eine Fantibulare Inkubolitis. Das ist schon besser. Wenigstens weißt du jetzt, was du hast.

Weg von dem Arzt. Geh nach Hause. Schaue dir deine Katze an. Sie verschmäht dich. Warum? Weil sie nicht von der Wissenschaft geblendet wurde; sie hat keine Fantibulare Inkubolitis, aber sie kann sehen, daß du sie hast, sehr schwer sogar, und sie fühlt sich dir offensichtlich überlegen. Sie kann direkt in dich hineinsehen, direkt hinter all dein Gerede; sie weiß, wer du bist, wie es dir geht und was du gerade denkst. Nicht was du in deiner Gesprächs-Fabrik denkst, nicht wie du die Milchrechnung zusammenzählst, aber wie du motiviert bist, wo deine Eigenarten und Komplexe sind, was du gerade darüber denkst, was du als nächstes machen willst, welche Gefühle du dabei gerade hast, wie sie dich herumkriegen kann, zu bekommen, was sie will. Sie muß diese Dinge wissen, sie ist nicht mit deinem Intellekt ausgestattet (oder durch ihn behindert), sie muß dich dazu kriegen, daß du sie fütterst, dich um sie sorgst und sie beschützt, indem sie deine Reaktionen studiert und sich auf eine wirkliche und einfache Art auf dich bezieht, ohne all diesen Redequatsch, der so viel von deiner Zeit und Energie in Beschlag nimmt. Sie fühlt sich überlegen, weil sie weiß, sie *ist* überlegen, sie weiß, daß sie so viel besser als du weiß, was wirklich zwischen dir und ihr passiert. Aber wenn du zur Abwechslung mal aus deinem Geredequatsch herauskommst, wenn du in deine eigene einfache Realität hineingehst, kannst du unmittelbar sehen, was die Katze denkt. Jetzt weißt du, was sie weiß. Und sie weiß sofort, daß du weißt, was sie weiß und daß du weißt, daß sie weiß, was du weißt. Du hörst auf, dich mit ihr zu verständigen, und beginnst, vertraulich mit ihr zu reden[53], und sie hört auf, dich zu verachten.

Mit Babys ist es genau so. Eine Mutter sieht manchmal, wie ihr Baby sie einfach nur kalt und gelassen taxierend beobachtet. Einige Mütter können das nicht ertragen.

Ich nahm ein zwei oder drei Monate altes Baby einer Frau hoch, setze es auf meine Knie und erzählte ihm eine Geschichte. Es lauschte mir mit gespannter Aufmerksamkeit. Ohne den Ton meiner Stimme zu ändern, begann ich, Unsinn zu erzählen. Das Baby hörte auf, mich zu beachten, schaute im Raum umher, zappelte herum und begann zu weinen. Ich hörte auf, Unsinn zu reden, begann wieder sinnvoll zu sprechen, und das Baby beendete sein Zappeln und war wieder aufmerksam.

Ich tue das selbe für meine Katze. Sie hört mir mit der respektvollsten Aufmerksamkeit zu, wenn ich ihr etwas erzähle oder ihr erkläre, was ich gerade mache.

---

[53] Für verständigen bzw. vertraulich reden im Original: communicate und commune.

Natürlich versteht sie nicht die *Sprache*. Diese ist ihr genau so fremd wie dem Baby. Aber, vorausgesetzt, daß du nicht einfach nur redest, vorausgesetzt, daß du *meinst*, was du auf einem genügend tiefen Level sagst, wird die Katze (oder das Baby) das, was du meinst, auf diesem Level aufnehmen, und das ist der Grund dafür, warum sie ihre Aufmerksamkeit auf dich richtet. Sie *erwidert* dir das Kompliment, das du ihr erweist, wenn du deine Aufmerksamkeit auf ihre eigene Seinsebene richtest.[A15]

Leute, die vorübergehend in diesem Zustand waren, zum Beispiel unter LSD, als dieses noch nicht verboten war, erzählen alle, wie *hocherfreut* ihre Tiere waren, sie in diesem Zustand begrüßen zu können. Die Tiere grinsen dich einfach an. So, mein liebes menschliches Wesen, sagen sie, bist du doch noch gekommen, um uns zu treffen. Endlich hast du deine Scheuklappen abgenommen, bist aus deiner komplizierten Sprache herausgekommen und hast nun die Ehre zu sehen und zu erfahren, was wir sehen und erfahren. Jetzt bist du zur Vernunft gekommen, und wir freuen uns, dich aufzunehmen.

Natürlich ist das Tier verblüfft, wenn wir in unsere komplizierten linguistischen Egos zurückkehren. Es kann uns nicht dorthin folgen und auch nicht mehr zu uns durchdringen. Es weiß, daß wir dann völlig blind gegenüber seiner eigenen Realität sind, daß wir unsere Sicht von ihm durch eine Art projiziertes Pappbild eines Tieres ersetzt haben. An die Stelle eines realen Tieres, das sprachlich nicht erfaßt werden kann, tritt eine Art sprachlich formulierbarer *Erklärung* eines Tiers. Es fühlt sich bedeutungslos und zusammengeschrumpft. Und es kann sich nicht selbst helfen, es beginnt tatsächlich, so zu *sein*, wie wir es projizieren.

Das linguistische Ego des Menschen ist zugleich destruktiv und selbstbestätigend. Tiere beginnen, sich entsprechend der biologischen Theorie zu verhalten, Menschen fangen an, sich gemäß der soziologischen Lehre zu verhalten. Aber nur äußerlich. Innerlich haben sie irgendwo nicht ihre Realität. Aber es wird immer schwieriger, sie zu finden. Sie wird verschüttet unter dickeren und dickeren Schichten aus Sprache, Theorie, Lehre, Kleidung, Moden, Idealen, Politik, Religion, Ansehen, Anstand und Humanität.

Ja, ich sagte Humanität. Insbesondere unser rein *menschliches* Wesen ist ignorant, stolz, oberflächlich, eingebildet und belehrend. Dies sind spezifisch menschliche Charakteristika, nicht die von Tieren oder Göttern. Tatsächlich sind sie genau das, was einen Menschen von einem Tier oder Gott unterscheidet.

Eine Überraschung? Nicht, wenn du darüber nachdenkst. Wir kommen durcheinander, und zwar offensichtlich genug, wenn wir es nicht schaffen, zwischen Mensch und Primat zu unterscheiden. Der Mensch allein *enthält* die Gottheit, welche alle Dinge besitzen, die *ganz* sind. Doch der *Primatenanteil* des Menschen ist genau dessen nicht-göttliche Natur; es ist exakt, weil ganz entschieden, der Teil von ihm, der ohne Gottheit ist. Wer würde schon „Irren ist menschlich (primatenhaft)" durch „Irren ist MENSCHLICH" ersetzen?

Die Vorannahme, daß die menschliche Natur an sich von größtem Wert ist, daß sie allein unser richtiger Standard wäre, führt anfänglich unausweichlich zu Schwierigkeiten und Streit und am Ende zu Unordnung und zur Katastrophe. Nur durch das, was göttlich im Menschen ist, können wir sicher Ordnung in das Menschliche bringen. Regieren wir nur durch Menschlichkeit, ersetzen wir das Gerechte durch das Zweckmäßige, Bewußtsein und Ordnung weichen Furcht und Tyrannei, Autorität wird degradiert, und die Menschen werden die Beute von Betrügern und Schiebern.

Die Menschlichkeit des Menschen hat viel mit seinem *sozialen* Leben zu tun, und sein soziales Leben bezieht sich notwendigerweise genau auf das, was am wenigsten seinem Wesen entspricht. Und für mich ist es schließlich selbstverständlich, daß du nicht sicher das Oberflächliche aufnehmen kannst, um das Grundlegende zu ordnen. Wenn du dies tust, explodiert das Ganze. Deshalb bin ich weder Sozialist noch Humanist. Ich verfolge überhaupt keinen Ismus. Ich weigere mich, in irgendwelche Ecken gedrängt zu werden. Ich spreche als Mensch.

Glaube nicht, daß ich irgendeine Art von Religion anbiete. Göttlichkeit war nie ein Monopol der Kirche, obwohl alle Kirchen zu ihrer Zeit fundamentale Gottheiten etabliert und aufrechterhalten haben. Und sie letztendlich mit der unvermeidlichen Verkrustung ihrer Lehre verdeckten. Wie uns das Wort sagt, ist das Göttliche das, was darunter liegt: was deshalb nicht auf der Oberfläche erscheint, sondern erraten werden muß.[54]

Du weißt, was ein Wünschelrutengänger ist.[55] Da ist nichts „Schlechtes"[56] an dem Wort „divinieren", außer daß es mit Fischen zu tun hat. Eintauchen, nach unten gehen, um das Fundamentale zu finden, um die Grundlagen zu überprüfen, auf denen alles ruht. Der Humanist, der Mann, der versucht, lediglich mit Hilfe sozialer Prinzipien zu regieren, ist wie ein Mann, der ein Haus baut, ohne zuerst auf das Fundament zu achten, und dann überrascht und verletzt ist, wenn es zusammenfällt.

Das Wort „divine" kommt von Diana, der ursprünglichen Muttergöttin. Wenn du ihre Göttlichkeit erkunden willst, liebe/r LeserIn, dann wäre es ein Fehler zu glauben, daß du sofort[57] zu ihr gelangen könntest. Wir erwarten so viele Instant-Wunder heutzutage, Instant-Kartoffeln, Instant-Sex, Instant-Erklärungen, Instant-Regierung. Einfach Wasser, Wörter - oder was du sonst hast - hinzufügen, und das ganze Ding bläht sich meist lebensecht auf.

Nicht so. So geht das nicht. Wenn du etwas Oberflächliches tun wolltest, wie zum Beispiel den Everest besteigen, würdest du dann etwa erwarten, in einem Augenblick oben zu sein? Denke daran, daß du zu dem Glauben gehirngewaschen wurdest, der Holokosmos sei irreal. Nimm an, jemand hätte dir weisgemacht, der Everest sei unwirklich. Ich würde dir nicht viele Chancen einräumen, den Gipfel zu erreichen.

Es ist eine allgemein anerkannte Theorie - bei der ich jedoch nicht sehen kann, wie jemand außer einer gründlich gebildeten Person sie glauben könnte - daß Tiere keinen Geist haben und ohne Bewußtsein sind. Ich saß einmal im Richmond Park, als ein Eichhörnchen bis auf wenige Meter zu mir heranhoppelte. Es schaute mich an. Ich schaute es an. Es machte einen Satz in die Luft und schlug rückwärts einen

---

[54] Im Englischen bedeutet „divine" sowohl göttlich (als Adjektiv) als auch erraten, prophezeien (als Verb).
[55] Im Original: water diviner.
[56] Im Original „fishy"; ein Wortspiel: schlecht/fischig.
[57] „Instant" im Original.

Purzelbaum. Es betrachtete mich aufmerksam, um zu sehen, ob es gewürdigt wurde. Ich lächelte. Das Eichhörnchen tat es erneut. Nicht bewußt?

Diese tierische Begegnung ist natürlich eine jener Freuden, die Liebende wiederentdecken, die Offenbarung endlosen in die Länge Ziehens der Stunden und Tage und Monate, ohne zu reden, die neue, frische, unberührte, verzauberte Welt, die so wunderbar in ihrem eigenen Raum und eigener Zeit gedeiht, frei von den Verpflichtungen und Fesseln all der Wörter.

Der Job von uns armen Poeten, liebe/r LeserIn, ist so viel schwerer, als er ausschaut. Worte wurden gemacht, um dich zu fesseln. Wir müssen sie benutzen, um genau das Gegenteil zu tun. Du bist ein Vogel, der in einem Netz gefangen ist. Wir werden geschickt, um dich zu befreien. Und womit müssen wir das tun? Mit einem anderen Netz. Kein Wunder, daß wir fast verrückt werden.

Für den Psychotherapeuten ist das gar nicht so schlecht. Du bezahlst ihn dafür, daß er schweigt, während du redest. Denke daran, er muß dir zuhören, was nicht so gut für ihn sein könnte. Du machst weiter und weiter, Jahre um Jahre erklärst du ihm alles, während er da sitzt und nie ein Wort sagt. Dies ist einfach zu schön, um wahr zu sein. Ich kann sagen, was ich will. Alles, was mir Spaß macht. Und schließlich (wenigstens hoffen wir das, denn dies war der Zweck der Übung) siehst du, was für ein Haufen Quatsch das alles war, daß du besser zu reden aufgehört und ruhig auf einen Wechsel gewartet hättest.

Wir Dichter können nicht so verfahren. Würde ich all diese Seiten leer lassen - das, was ich eigentlich tun sollte - dann würdest du, liebe/r LeserIn, dieses Buch wohl kaum kaufen. Ich muß genau wie du Nahrungsmittel und Obdach bezahlen, und ich weiß, daß du sehr viel eher bereit bist, gutes Geld für eine Menge Quatsch als für leere Seiten zu bezahlen. Du siehst also, liebe/r LeserIn, ich tue, was ich kann, um dir einen Wert für dein Geld zu geben. Danke sehr.

Du kannst die Welt auf jede Art, die du magst, betrachten, durch jedes Fenster, das du wählst. Sie muß auch nicht immer das gleiche Fenster sein. Wie die Welt erscheint, was du siehst und was du vermißt sowie der Blickwinkel, mit dem du auf etwas schaust, hängen natürlich davon ab, welches Fenster du benutzt. Doch wie kann ein Fenster richtig oder falsch sein? Ein Fenster ist ein Fenster. Ich behandle hier ausführlich die Frage, was durch verschiedene Fenster gesehen werden kann, was nicht heißt, daß du durch sie hindurchschauen *solltest*; es geht mir mehr darum aufzuzeigen, daß es andere Fenster *gibt*, durch die vernünftige, sensible, verantwortungsvolle, fähige, liebenswürdige und anderweitig normale Leute hindurchsehen können und es auch tun, und es ist völlig in Ordnung, ein anderes Fenster auszuprobieren, wenn dir das, was du durch dein Fenster siehst, bedeutungslos oder ungenügend erscheint. Wenn dir die Ansicht gefällt, ist es natürlich nicht nötig, es zu wechseln. Im anderen Falle, wenn du zu einem anderen Fenster kommst, kann es passieren, daß du etwas Zeit brauchst, um das Gesehene einzustellen. Wenn du an eine Boxkamera gewöhnt bist, werden deine ersten Versuche mit einer 35mm-Kamera enttäuschend sein.

Die Zahl unterschiedlicher Fenster ist endlos. Die ungezügelte Eingebildetheit[A16] der westlichen Welt besteht darin zu sagen, daß nur bestimmte Fenster „vernünftig"[58] und andere falsch, irreführend, halluzinatorisch usw. sind. Sei daher gewarnt. Wenn du durch ein Fenster schaust, das aus einem dieser Gründe nicht erlaubt ist, achte sorgfältig darauf, wem du davon und wie du es erzählst. Im Zweifelsfall schweige. Und platze damit vor allem nicht gegenüber Leuten heraus, die dort niemals gewesen sind und dies auch nie tun würden, egal, wie sehr du dir wünschen magst, daß sie dich begleiten mögen. Es wird sie nur aufregen, und sie werden spüren, daß sie dich angreifen, dich irgendwie nichtig machen müssen. Natürlich kann dir aus dem Fenster Schauen nicht wirklich Schaden zufügen, denn schließlich war das, was du siehst, die ganze Zeit vorhanden; aber wenn du anderen Leuten aus deinem Kreis davon erzählst, könnten sie meinen, sagen zu müssen, daß es schädlich ist; sie könnten in der Tat spüren, daß es für sie *schädlich* ist, daß ihre sorgfältig behütete „Identität" durch das, was du siehst, beschädigt wird, wenn nicht sie, sondern du das Fenster aussuchst, durch das die Welt erscheinen soll. Sie werden dir natürlich mit gleicher Münze heimzahlen, indem sie den Schaden, von dem sie meinen, er wäre ihnen oder auch ihrem öffentlichen Ansehen zugefügt worden, auf dich projizieren. Außerdem könnten sie sich, wenn du danach nicht geschädigt aussiehst, berechtigt dazu fühlen, dich persönlich zu schädigen - natürlich unter dem Deckmantel, dir zu „helfen", um so den Schein aufrecht zu erhalten.

An diesem Punkt spielen sie ihre Trumpfkarte aus. Nachdem sie dir Schaden zugefügt haben (unter dem Deckmantel „dir zu helfen", „dich aufzurichten" usw., „zu deinem eigenen Besten" usw.), müssen sie (diesmal, um ihr privates Bild von sich selbst zu behüten) die Ursache für denselben irgendwie von sich auf das „falsche", „gefährliche" usw. Fenster lenken, durch das zu schauen und über es zu plaudern du töricht genug warst, und daher nun etwas sagen wie: „Bitte, was haben wir dir gesagt! Du gingst zu diesem bösen Fenster, und nun siehst du, was es dir angetan hat!"

Auf diese Weise wird die Macht der Hypnose mit der Gewalt vereint, sodaß eine ansonsten recht vernünftige Person tatsächlich dazu kommt zu glauben, daß es das durch das Fenster Gesehene war, das den Schaden anrichtete, wo hingegen es natürlich nur die Leute waren, die sie dabei ertappt haben. Sie, die Leute, waren es, die sie beschädigt haben, aus „Selbstsucht", „Undankbarkeit", wegen „antisozialem Verhalten", gegen „Abweichung", für die „Lossagung", gegen die „Schizophrenie" oder irgendwelcher anderer bedeutungsloser Formeln, mit denen manche Leute Verletzen, Einkerkern und das Töten anderer Menschen rechtfertigen.

Klage nicht. So läuft die Welt. Es ist wenigstens ein halb verbotenes Fenster, durch das man sehen kann, daß dies so in der Welt ist. Die Welt sagt dir nicht, daß du bestraft wirst, wenn du Entdeckungen machst. Sie sagt, daß du belohnt werden wirst, und bestraft dich dann. Künstler, Ingenieure, Erfinder, jeder von uns bekommt das eine oder andere Mal diesen Schlag, und es geschieht uns recht, wenn wir so naiv sind.

Kein Wesen auf Erden oder im Himmel, das man als benachteiligt ansieht, wird es begrüßen, daß du diese Tatsache publik machst. Und zwar, weil du, wenn du durch

---

58    Im Original: „sound", gesund, tadellos, solide brauchbar.

verbotene Fenster schaust, lernen mußt, still zu sein, wenn es die Umstände erfordern, keiner anderen Seele, nicht einmal deinem besten Freund, deiner geliebten Frau oder deinem geliebtem Ehemann davon zu erzählen. Sinnlos zu reden, zügellos mit der Wahrheit zu sein, ist taktlos und zerstörerisch. Wähle deine Worte mit Bedacht auf ihre Konsequenzen: Denke daran, daß zu beschreiben, wie die Dinge sind, auf der Prioritätenliste dessen, wofür Worte gut sind, ziemlich weit hinten steht. Wie Mark Twain sagte: Wahrheit ist wertvoll, laßt uns sparsam mit ihr umgehen.

Eine der größten Freuden, mit meiner Geliebten zusammen zu sein, durch sie vervollständigt zu werden, bestand darin, daß ich zum ersten Mal von dem Fluch befreit war, ein Künstler zu sein. Ich wußte das. Und sie auch. Die Ironie darin war, daß sie mich zum Teil wegen des Ehrgeizes verließ, selbst eine Künstlerin zu sein, wobei sie nicht ganz realisierte, daß dies ein Verhältnis ist, das man vermeiden sollte. Ein Künstler ist heimatlos und wandert von Fenster zu Fenster. Wenn er ein Fenster findet, von wo aus der Ausblick so wunderbar ist, daß er es nicht mehr wechseln möchte, ist er zu Hause; er verschwindet als Künstler. Gott sei Dank.

Indem wir von unserer langen Trennung als Geschlechter zurückkehren, beenden wir jene Kunst, die durch unsere Muse blutet. Eine Muse ist die *Abwesenheit* eines komplementären Wesens, und natürlich ist der *Umriß* der Muse mit dem des komplementären Partners identisch. Aber da der Partner in Wirklichkeit abwesend ist, ist die Kunst bis hierher negativ. Ich vermute, daß die Rückkehr der Geschlechter zur Ganzheit, obwohl dies unserer traditionellen museartigen Kunst das Ende bereitet, einer positiveren Art von Kunst Auftrieb geben könnte, von der wir bisher nur eine geringe Vorstellung haben.

Der typische westliche Künstler blutet lieber für seine Musik, als daß er Zufriedenheit ausstrahlt. Er ist lieber ein Christ als ein Buddha. Und die vielen Unkreativen, die sich parasitenhaft vom Blut der wenigen Kreativen ernähren, verschwören sich darauf, die Wunde offen zu lassen, damit die Blutung nicht stoppt.

Wenn du den Blick durch eines der „falschen" Fenster in diesem Buch magst, möchtest du vielleicht auch andere „falsche" Fenster ausprobieren. Es gibt viele hundert Bücher, gute, schlechte und mittelmäßige, die in den Augen der einen oder anderen Ingroup[59] als falsch angesehen werden. Hier ist eine Übersicht für den Beginn.

## Leicht

### 1. A.H. Chapman, *Put-offs and come-ones*, Corgi
Von einem Psychiater aufgestellte Klassifikation einiger unangenehmer Dinge, die sich die Menschen antun und dabei vorgeben, daß sie vernünftig seien.

### 2. Alan Watts, *This is it*, John Murray
Eine Essay-Sammlung über holokosmische Erfahrung. Die vom Autor berührten Aspekte sind bisweilen recht fortgeschritten, aber er schreibt so klar, daß ich dieses Buch im Abschnitt leichter Bücher unterbringe. Er ist einer der wenigen Schreiber, der

---

[59] Soziologischer und gruppenpsychologischer Begriff, der auch mit „Eigen-" oder „Wir-Gruppe" übersetzt wird und eine Gruppe bezeichnet, mit der man sich identifiziert.

über sehr un-westliche Geisteszustände mit einem sehr westlichen Stil und mit einem ebensolchen Interessenschwerpunkt schreiben kann.

### 3. Kahlil Gibran, *The prophet*, Heinemann

Vielleicht das wohlbekannteste unter seinen vielen ähnlichen Werken. Der Autor pflegt immer nur von einer Ebene aus zu schreiben, was es dem Leser leicht macht, bei der Sache zu bleiben. Sehr nicht-westlich, aber taktvoll bezüglich Aussicht und Zugang.

## Schwieriger

### 4. Shelley, A defence of poetry

Auch wenn du es - ich gestehe: wie ich - nicht fertigbringst, irgend eines von Shelleys Gedichten zu mögen, ist dieses wunderbare Essay unbezahlbar in Hinblick auf sein Verständnis, was Dichtkunst ist. Du *mußt* das Original lesen. Jeder Bericht aus zweiter Hand macht es zunichte.

### 5. Paul Foster Case, *The tarot*, Macoy, New York

„The tarot" ist ein Buch des Lebens, verkleidet in einem Satz Karten. Das Buch von Paul Case bietet den einfachst geschriebenen Bericht über die von den Karten verkörperte Symbolik, die ich kenne.

### 6. Wu Ch'eng-en, *Monkey*, Allen and Unwin

Eine Übersetzung der chinesischen Novelle aus dem sechzehnten Jahrhundert von Arthur Waley. Die Geschichte kann (zu ihrem Vorteil) mit denen von Tolkien verglichen werden, denen sie lose ähnelt. Doch wo Tolkien sich darauf besinnt, was auf der Erde während (wie ich meine) *einer* prähistorischen Epoche geschah, erinnert sich Wu Ch'eng-en an eine Serie von ca. 1000 Epochen inklusive himmlischer und anderer Zwischenspiele, wobei er diese wie ein Kinematograph präsentiert, sodaß sie als urkomische Biographie erscheinen. Witze in allen Größen. Und einige davon sind ungeheuerlich.

### 7. C.G. Jung, *Answer to Job*, Hodder

Der große Dr. Jung gibt schließlich seinem Talent den angemessenen Spielraum und unternimmt eine Psychoanalyse Gottes. Das Ergebnis ist sehr scharfsinnig und extrem lustig.

### 8. R.D. Laing, The politics of experience, Penguin

Dr. Laing, der auch Psychiater mit einem großartigen Ruf ist, bringt kraftvolle Gründe für die Erwägung der Sichtweise vor, daß „Verrückt" zu Werden in Wirklichkeit eine völlig normale Reaktion darauf ist, von einem Zusammenschluß einer Reihe von Leuten, von denen man annimmt, sie seien „vernünftig", in eine unmögliche Position gedrängt zu werden. Das Buch besteht aus einer Serie von Essays rund um dieses Thema, und das Geschriebene enthält mehr, als man mit einem ersten Lesen erfassen kann.

### 9. D.H. Lawrence, *Fantasia of the unconscious*, Heinemann

Dieses Buch enthält zwei Essays, die erstmals 1923 veröffentlicht wurden und allgemein zu Lawrences besten Texten gezählt werden. Das Thema ist ein anderer

Aspekt dessen, auf was ich immer wieder aufmerksam gemacht habe, daß unser tief Unbewußtes nicht, wie Freud feststellte, eine bloße Senkgrube unannehmbarer Erinnerungen und unterdrückter Begierden, sondern eher (wie Jung später zu entdecken begann) der wahre, eigentliche Lebensborn unseres gemeinsamen Seins und unserer Wirklichkeit ist.

**10. John Jocelyn, *Meditations on the signs of the zodiak*, Naylor Company, San Antonio, Texas**

Dies ist kein Buch über Astrologie, sondern über die tieferen Bedeutungen der zwölf astrologischen Zeichen. Ich war zuerst von dem Stil abgestoßen, aber seine Weitschweifigkeit kann es einem erleichtern, es zu lesen. Das Buch enthält einen ungewöhnlichen Grad an Göttlichkeit, verbunden mit etwas Menschlichkeit. Es erwähnt die totale Liebes-Erfahrung.

### Schwer

**11. Beethoven, Klaviersonaten 28, 30, 31**

„Kein schlimmes Schicksal kann meiner Musik etwas anhaben. Wer ihre Geheimnisse errät, wird vom Elend befreit, das die ganze Menschenwelt bewohnt."

Beethoven las die Dichter. Es ist Zeit, daß Dichter dem Komponisten ähnliche Achtung zollen. Ich gebe bereitwillig zu, von diesem Poeten, der in einem anderen Medium schrieb, mehr über des Dichters Kunst gelernt zu haben, als von irgend einem anderen Schreiber in meinem eigenen Medium.

In der Musik ist das, was der Dichter meint, entkleidet und kahl: Der Komponist *muß* es richtig machen; falls ihm das nicht gelingt, gibt es keine Neben-Bedeutung, die ihn unterstützen könnte.

Ich wählte drei Kompositionen für Klavier, weil sie vielleicht einfacher als Quartette oder Symphonien zu lesen sind, obwohl ich dir, wenn du Musik genauso schlecht liest wie ich, eher empfehlen würde, zuerst die Aufnahmen eines professionellen Pianisten anzuhören.

Es ist nicht allzu bekannt, daß die letzten fünf Pianosonaten von der selben transzendentalen Ordnung sind und deine Geistes-Sicherungen genau so wirksam durchknallen lassen können wie die letzten fünf Streichquartette. Die drei von mir ausgewählten sind vielleicht die am wenigsten charakteristischen; sie sind nicht wie der wohlbekannte öffentlich tragische ego-hafte Beethoven, den jeder zu hören erwartet. Abgesehen von dem jagenden Thema der Variationen in Nr. 30, das vielleicht die einfachste und bewegendste Äußerung der Unerfülltheit dieses Komponisten darstellt, kann man sich nur schwer vorstellen, daß diese Musik aus Beethovens Feder stammt.

Als Junge verabscheute Beethoven das Studium der Fuge, und er verwendete sie bis zum Ende seines Lebens nur selten in seinen Kompositionen. Abgesehen von einigen früheren Übungen, war sein erster großer Versuch mit diesem Schema der letzte Satz des dritten Rasoumowsky Quartetts, der sicher eine der erstaunlichsten Fugen ist, die jemals veröffentlicht worden sind. Aber am Ende schien er zu der Ansicht gelangt zu sein, daß die Fuge oft die einzige Formalität ist, die dazu fähig ist, die Vertrautheit der Beziehungen zu vermitteln oder den kolossalen Höhepunkten standzuhalten, die zu schaffen er jetzt in der Lage war; und seine letzten Arbeiten sind tatsächlich mit Fugen übersät.

In diesen drei Sonaten verwenden alle drei Schlußsätze Fugen, um Höhepunkte einzuleiten oder diese zu tragen, welche, wenn du ihnen folgst, nahezu unerträglich sind. Der Komponist, der zu dieser Zeit bereits taub war, hat sie niemals gespielt gehört.

## 12. Das Thomas-Evangelium

Die geheimen Worte von Jesus von Nazareth, von denen viele sehr viel tiefgründiger und stärker sind als das, was wir in den kanonischen Evangelien finden, sodaß es zu einer anderen Art von Buch wird. Es sagt zum Beispiel sehr viel klarer (gibt tatsächlich ein exaktes Rezept), was du eigentlich tun mußt, um in die Ewigkeit einzutreten. Ich halte die von Collins veröffentlichte englische Übersetzung für die beste.

## 13. Das Tao Te King[60]

Dieses tiefgründige, stille Buch hat vielleicht mehr Übersetzungen erlitten als die Bibel. Ich besitze einige halbe Dutzend der über vierzig Übersetzungen allein ins Englische. Sie differieren stark voneinander, weil die chinesische Sprache so kraftvoll ist, daß jede „Übersetzung" in eine westliche Sprache nur jeweils eine der vielen möglichen Interpretationen des Originals abdeckt. Chinesisch ist eine Bildersprache, sehr poetisch und mathematisch und ohne Grammatik oder rhetorische Komponenten. Wenn dein Geist nicht in der Methode der wörtlichen Sprachen gefangen ist, ist Chinesisch die Sprache, die am einfachsten zu erlernen ist. Sie ist außerdem sehr sparsam; irgend etwas in Chinesisch zu schreiben, erfordert weniger Striche als in westlichen Sprachen.

Ein sehr bekannter Wissenschaftler aus meinem Bekanntenkreis zeigte mir einmal eine raffinierte und effektive Sprache, die er für Computer u. Ä. erfunden hatte. Nachdem ich sie geprüft hatte, konnte ich sagen, daß er eine Art Chinesisch erfunden hatte, und da diese Erfindung ihren Wert über die letzten mehr als siebzig Jahrhunderte hinweg bewiesen hatte, könnte er sie genauso gut als einen neuen Trick verkaufen.

Zurück zu dem Buch. Es teilt sich in zwei Abschnitte, das Tao Ching oder Buch des Weges und das Te Ching oder Buch der Tugend. Wie die meisten östlichen Texte ist auch dieser atheistisch oder besser: prä-theistisch, eher in einem metaphysischen Zero oder weiblichem Prinzip als in der physikalischen Eins oder dem männlichen Prinzip wurzelnd. Das hält diese Texte natürlich nicht davon ab darzustellen, wie männliche Prinzipien oder Götter konstruiert werden. Die Tibeter zum Beispiel arbeiteten lange vor uns aus, daß der Erste Gott eine Dreiheit sein müsse.[A1] Aber dieses Buch erspart uns diese Übungen. Kurz, das Tao Ching, die ersten 37 Strophen zusammengefaßt, sagt uns etwas darüber, wie alles ist, warum es so ist und wie wir wissen können, daß es so sein muß, und das Te Ching gibt uns in den anderen 44 Strophen Beispiele für die Anwendung dieses Wissens im alltäglichen Leben. Der Text ist von großer Schönheit und Einfachheit.

---

[60] Empfohlene deutsche Ausgabe: Laotse: Tao te king (übersetzt von Richard Wilhelm), Eugen Diederichs Verlag, Düsseldorf/Köln 1976.

Eine der besseren englischen Versionen findet man zusammen mit anderem sehr interessanten Material in einem Buch mit Quellentexten Chinesischer Philosophie, die von Wing-Tsit Chan zusammengestellt und übersetzt und von Oxford University Press publiziert wurden. Ein anderes, das diesem sehr nahe kommt, ist das von Arthur Waley mit dem Titel „The Way and its Power", Verlag Allen and Unwin. Und für jeden, der mit dem chinesischen Original vergleichen möchte - was unbedingt erforderlich ist, wenn man sich nicht damit zufrieden gibt, neun Zehntel des Sinns auszulassen - gibt es eine Version von Dr. John C.H. Wu mit englischen und chinesischen Texten nebeneinander. Dieses Buch wurde in New York von St. John's University Press veröffentlicht.

In der chinesischen Zeitrechnung ist dieses Buch vergleichsweise neu. Man nimmt an, daß es etwa dreiundzwanzig Jahrhunderte alt ist.

## 14. Dante, La divina commedia

Ich bin nicht sehr scharf auf epische Dichtung, und ich kann nicht behaupten, diese hier zu mögen, obwohl ich nicht an seiner Großartigkeit und Authentizität zweifle. Ich besitze Kopien des italienischen Originals und verschiedene Übersetzungen. Ich benutze meistens das in englischen Versen von der Thriller-Autorin Dorothy Sayers verfaßte Buch (Penguin Verlag).

Der Dichter erzählt mit einer gewaltigen Menge an Details seinen Aufenthalt in der Hölle nach, dem die Passage des Fegefeuers und das Erreichen eines paradiesischen Zustands durch seine vollkommene Liebe zu Beatrice folgen.

Ich hatte lange das Gefühl, epische Dichtungen seien keine wirklichen Dichtungen, sondern in Versform geschriebene Geschichten. Der Vers mag von höchstem Rang, die Geschichte großartig und poetische Literatur, der Autor ein Poet besten Kalibers sein, aber dies, so scheint mir, macht sie noch immer nicht zu einem Gedicht. Ich denke auch, daß es vielleicht keine wirkliche Funktion der Dichtung ist, himmlische Zustände zu beschreiben, genausowenig, wie sie irdische Zustände beschreiben soll. Ich glaube, man interpretiert die Dichter-Muse nicht korrekt, wenn man sie wie die Wissenschaft nur auf einer rein beschreibenden Ebene ansiedelt oder gar erwartet, daß sie wie die Philosophie die Welt erklären soll, obwohl der Dichter traditionell und zur adäquaten Erfüllung seiner Aufgabe ein *funktionierendes* Wissen - Theorie allein genügt nicht - von den großen Disziplinen seines Zeitalters und relativ gute Kenntnisse der kleineren besitzen muß. Alle großen Dichter sind in der Tat Naturphilosophen höchsten Ranges gewesen, und als Coleridge der berühmte optische Schnitzer unterlief, heulte dieser Irrtum durch die Korridore der Zeit, wo er immer noch lacht und so dessen Ansehen als Dichter sehr schmälert.

In dieser Hinsicht war Dante ein Poet. Er kannte die Welt sehr gründlich, er verstand seine Disziplinen, er erfuhr seine Reinigung, und er schrieb darüber unvergeßlich. Ich bin nicht glücklich damit, das, was er schrieb, Gedicht zu nennen, obwohl ich gleichermaßen nicht sicher bin, wie man es sonst nennen sollte.

Wie ich es sehe, erinnert uns ein Gedicht an etwas, das wir einst wußten, aber auf eine ziemlich ungewöhnliche Art und Weise. Was es sagt, endet nicht bei seinen Sätzen. Es beleuchtet eine Ebene der Existenz durch die exakte Beobachtung einer anderen. Es sagt etwas, das hinter seinem wörtlichen Sinn liegt, seine Bedeutungen sausen von Ebene zu Ebene. Obwohl sublim, scheint mir die Bedeutung in Dantes Komposition so oft mit der wörtlichen Beschreibung zusammenzufallen, als wäre es ein Lehrbuch inspirierter Psychologie.

Mir ist klar, daß unter dieser Sichtweise viele Literatur großen Wertes aus dem Reich der Dichtung ausgeschlossen werden muß, auch wenn sie normalerweise dazu gezählt wird. Beispielsweise macht es einige Werke von St. John of the Cross, in denen er sehr aufrichtig glückselige Zustände beschreibt, nicht minderwertiger, wenn man sie mit Hilfe dieses Tests von der Dichtung ausschließt.

Welche Sichtweise wir auch immer anlegen (und ich gebe zu, meiner kann man unmöglich treu bleiben, sie ist zu unbequem. Es sollte ein anderes Wort dafür geben), die Göttliche Komödie enthält für jene, die danach suchen, ebensogut Wahrheiten der höchsten Ordnung wie solche von weniger erhabenen Ebenen. In mancher Hinsicht erinnert mich das an Malereien von Hieronymus Bosch. Was die letzte Vision des Poeten von Gott betrifft, gibt es für mich keinen Zweifel, daß Dante die Ehre hatte, als Zeuge für die Erste Erscheinung gerufen zu werden, und daß seine Beschreibung im letzten Gesang, so weit eine solche wahr sein kann, ein wahrer Bericht seiner göttlichen Erfahrung in Bezug auf Es[A1] ist.

Ich glaube, es ist von Wert, darüber nachzudenken, wie dieser große Bericht der gesamten Schöpfung, der tragisch, schmerzvoll, selig sein mag, trotzdem vor allem als Komödie bezeichnet wird, und wir mögen erkennen, wie oft die gesamte Förmlichkeit des Seins und der Existenz jener, die es zu interpretieren versuchen, auf diese Weise erscheint. Einige von Beethovens letzten Worten, als er das letzte Sakrament erhalten hatte, waren: „Comedia finita est." - die Komödie ist vorbei.

## 15. Robert Graves, *The white goddess*, Faber[61]

Ein anderes großartiges Buch und ein ganzer Berg an Lernstoff. Der Autor schreibt über die totale Liebeserfahrung:

„Wahre poetische Praxis impliziert einen Geist, der so wunderbar gestimmt und erleuchtet ist, daß er Worte durch eine Kette von mehr-als-Zufällen in eine lebende Entität einformen kann, in ein Gedicht, das in sich selbst lebt (vielleicht Jahrhunderte über den Tod des Autors hinaus) und Leser durch seine in ihm enthaltene Magie berührt. Da die Quelle der kreativen dichterischen Kraft nicht wissenschaftliche Intelligenz, sondern Inspiration ist - wie immer diese von Wissenschaftlern erklärt werden mag - könnte man sie sicher auch der Lunaren Muse zuordnen, dem ältesten und passendsten europäischen Begriff für diese Quelle. Nach alter Tradition wird die Weiße Göttin mit ihrer menschlichen Vertreterin - eine Priesterin, Prophetin und Königin-Mutter - eine solche Quelle. Kein musischer Poet wird sich der Muse ohne die Erfahrung einer Frau bewußt, in der die Göttin bis zu einem gewissen Grad zugegen ist; wie auch kein Apollonianischer Dichter seine eigentliche Funktion erfüllen kann, ohne unter einer Monarchie oder Quasi-Monarchie zu leben. Ein musischer Poet verliebt sich vollkommen, und seine wahre Liebe ist für ihn die Verkörperung der Muse."

---

[61] Deutsche Übersetzung: *Die Weiße Göttin*, Rowohlt Taschenbuchverlag GmbH, Reinbeck/Hamburg 1985.

Er fährt damit fort, daß sie normalerweise den Poeten verläßt, weil sie durch den Zauber, den sie über ihn legt, *verlegen* wird. Damit stimme ich völlig überein, sage jedoch, daß ihre Verlegenheit selbst nicht unvermeidlich ist, anders als im Kontext unserer besonders kleingeistigen Kultur. Der Zauber, den der Poet über seine Göttin-Geliebte legt, ist genauso magisch, und das findet sie zutiefst beunruhigend, bis sie damit aufhört, sich mit dem kulturellen Umfeld zu identifizieren, das Nachgiebigkeit gegenüber einer magischen Erfahrung strengstens verbietet.

Da eine Kultur per Definition jene intensiver beeinflußt, die mehr als die übliche Dosis ihrer erzieherischen Verfahren erlitten haben, ist der Druck, den sie auf jene Leute ausübt, die wortgewandt genug sind, um Gedichte zu lesen und zu schreiben, auf vielerlei Art sehr viel wirkungsvoller als gegen jene, die auf diesen Standard bezogen vergleichsweise stumm sind. Ich glaube, es muß zahlreiche wenig wortgewandte „Poeten" und verborgene „Musen" geben, die, wenn sie sich finden, heiraten und dies wie gebannt ein Leben lang bleiben. Keiner weiß viel über sie, weil sie weise genug sind, ihr Geheimnis nicht zu verraten (oder das Glück haben, es nicht zu können).

**16. Dionysius, der Areopagit, *The divine names*, übersetzt von C.E. Rolt, Macmillan**

Eine mehr oder weniger beschreibende Aufstellung der Archetypen in der westlichen Religion. Ich empfehle diese spezielle Ausgabe wegen der spektakulären Einleitung des Übersetzers, ohne die ich das Buch beinahe unlesbar finde.

Vieles aus diesem Buch wird im folgenden Buch mit einer ganz anderen Methode bestätigt. Die Aufmerksamkeit des Lesers mag zum Beispiel auf die parallelen Beschreibungen zum Entstehen der Zeit, also auf die Aussagen darüber, was wir tun müssen, um ein Element zu konstruieren, das in keiner der fünf Ordnungen der Ewigkeit[A1] existiert, gerichtet werden. Wir versuchen, mit anderen Worten, uns einen Überblick über die unentbehrlichen magischen Zaubersprüche zu verschaffen, um eine zeitliche Existenz zu erschaffen, so wie Bücher wie das Thomas-Evangelium darauf abzielen, die grundlegende Magie zu liefern, mit der diese Zaubersprüche umgekehrt werden können.

Eine in diesem Zusammenhang ganz interessante historische Tatsache, die wir nur kurz zu streifen uns hier leisten können, ist die, daß der Gründer jedweder Religion ein Mann ist, der einem sagt, wie man die Zaubersprüche unwirksam macht; aber die Kirche, die die Religion etabliert und damit als ihre materielle Verkörperung bezeichnet werden kann, muß, um ihre weltliche Existenz zu bewahren, das Wissen des Gründers im Wesentlichen umgekehrt präsentieren, sodaß das ursprüngliche Wissen in dieser Körperschaft ein *Geheimnis* wird.

Eine verhältnismäßig oberflächliche und unkomplizierte Illustration dessen wird durch die Lehren des deutschen Philosophen Ludwig Wittgenstein geliefert, der in Hinblick auf dieses Beispiel als kleiner Christus angesehen werden kann. Er lehrte, daß jede Philosophie einschließlich seiner eigenen Unsinn ist und daß jede andere als die physikalische Existenzordnung, obwohl nicht unwirklich, unbeschreibbar ist.

Zum Zwecke dieses Beispiels ist die philosophische Schule linguistischer Analyse, der Logische Positivismus, Wittgensteins etablierte Kirche. Die Lehren dieser Schule schlagen, auch wenn sie es nicht tatsächlich sagen, letztendlich vor, daß Philosophie die einzige Möglichkeit ist, sinnvoll zu reden, und daß jede andere Existenzordnung außer der physikalischen nicht unbeschreibbar, aber irreal ist.

Nebenbei gesagt, besteht seine Methode des Umgangs mit Büchern wie „The Divine Names" darin, sie zu ignorieren. Ich kann keinen anderen Kurs wählen, weil seine Philosophie - und ich bin sicher, jene, die an ihr kleben, würden die ersten sein, die dem zustimmen - *kein Instrumentarium besitzt*, um die Ideen solcher Bücher zu diskutieren.

### 17. G. Spencer-Brown, *Laws of Form*, Allen and Unwin[62]

Eine Darstellung der Entstehung physikalischer Archetypen, präsentiert als strenger mathematischer Aufsatz.

Beginnend mit nichts und dem Setzen eines Zeichens, ziehen wir zuallererst die ewigen Formen. Von diesen erhalten wir zwei Axiome, von denen aus wir mit der Entwicklung von Theoremen fortfahren.

Wenn wir unter dem Wort „Engel" nachschlagen, finden wir, daß es „Bote" bedeutet, und die algebraischen Folgerungen, die jedem mathematischen System entspringen, sind immer die „Engel", durch die Mathematik, welche grundsätzlich in ewigen Regionen strukturiert ist[A5], im alltäglichen Leben interpretiert oder angewendet werden kann. In diesem speziellen System ermöglichen es uns die Folgerungen, Logik zu konstruieren und Computer zu bauen. Mit anderen Worten, sie entpuppen sich als die Prinzipien, welche der Boole'schen Algebra zugrundeliegen. Daraus ergibt sich, daß sich Beschreibungen der Welterzeugung, von der Genesis bis zu Yin-Yang und noch weiter zurück, als mehr oder weniger offensichtliche, wenn auch unvollständige, Beschreibungen bestimmter fundamentaler Eigenschaften Boole'scher Mathematik[63] erweisen.

Haben wir dann einen Punkt erreicht, wo wir die Boole'sche Algebra rekonstruiert haben, fahren wir fort, indem wir sie, wesentlich weiter als ein gewöhnliches Lehrbuch, in Gleichungen zweiten und höheren Grades einsetzen, die Boole nicht erstellen konnte. Was wir nun tatsächlich tun, ist, die Disziplin Boole'scher Algebra zu erweitern, reale und imaginäre Werte wie in der normalen numerischen Algebra miteinzubeziehen und damit das in die Boole'sche Algebra einzuführen, was sich als exakte Entsprechung der arithmetischen Gleichung $i = \sqrt{(-1)}$ erweist. In der Boole'schen Form ist dieser Wert natürlich in keiner Weise numerisch, verhält sich aber im Wesentlichen wie sein numerisches Gegenstück, sodaß wir Gleichungen lösen und auf eine Weise folgern können, die ohne ihn nicht möglich wären.

---

[62] Jetzt veröffentlicht von Cognizer & Co., 10075 SW Barbur, Blvd., Portland, Oregon, 97219 USA, Preis US $ 50,-- plus Porto. Tel.: 001 503 246 6464, Fax: 001 503 293 1736. [Aktueller Stand im März 2006 – diese Auflage war limitiert und ist inzwischen nicht mehr lieferbar.]

[63] *Ich werde mir selbst kaum gerecht und rechne Boole mehr Verdienste an, als ihm zukommen. Er war ein schlechter Mathematiker und gab die Regeln seiner Algebra falsch an. Sie wurden zwanzig Jahre später von Jevons korrigiert. Die von mir aufgestellte Algebra und ihre Arithmetik ist streng* brownianisch, *da sie von Booles unnötigen Zwängen binärer Operatoren und der Relevanz der Variablenreihenfolge bei diesen befreit worden ist. Die gesamte Boole'sche Algebra ist aus der Brown'schen Algebra oder der Brown'schen Arithmetik ableitbar, jedoch sind die Brown'schen Formen wesentlich nützlicher. (GS-B, 9. März 1994).*

Am erstaunlichsten ist, daß der Gebrauch dieses imaginären Wertes, in den zu seiner Repräsentation notwendigen Formen, wiedererkennbare Archetypen (ich nenne sie „Vorboten") der Teilchen- und Quantenphysik und auf diese Weise auch ohne jede äußere Hilfe den Boden dessen, was wir materielle Existenz nennen, produziert. Er wird aus nichts anderem als einer ununterbrochenen Beweiskette konstruiert, wodurch wir erkennen, daß, wenn wir irgend etwas unterscheiden, „all dies" - letztendlich das physikalische Universum enthaltend - ist, wie es schließlich erscheinen muß. Zusammengefaßt: Ich beweise, daß alle Universen, egal, welchen Inhalts, nach den gleichen Prinzipien konstruiert werden.

Es mag hilfreich sein, wenn ich mit Erlaubnis der Lesers/der Leserin meine Besprechungsaufgabe für einen Moment unterbreche, um eine allgemeinere Bemerkung zu geben. In „Laws of Form" versuchte ich, die maskuline Seite der Dinge so weit ich konnte darzulegen, so wie ich in diesem Buch hier versuche, erneut so weit, wie es meine begrenzten Fähigkeiten erlauben, etwas über die feminine Seite zu sagen. Die beiden Bücher sind daher in einiger Hinsicht Begleitbücher.

Weil sie von verschiedenen Seiten aus schauen, können sie nicht gerecht von der selben Seite aus bewertet werden. Wenn es um die Form geht, ist es das Argument, worauf es ankommt, als wie absurd oder ungenügend auch immer seine Substanz erscheinen mag. Aber wenn es um den Inhalt geht, kommt es auf die Substanz an, auch wenn das Argument absurd oder ungenügend erscheinen mag. Jeder Mann, der auch nur die geringste Welterfahrung besitzt, sollte nunmehr wissen, daß es unangebracht ist, mit einer Frau zu debattieren.

Ein Poet kann sich, wenn er von der Muse besessen ist, mit jedem Atemzug selbst widersprechen und dennoch eine Realität reflektieren, die das genaueste Argument niemals beschreiben könnte. Nur das männliche Prinzip repräsentiert sich selbst in der Perfektion und mit der Durchschlagskraft des Entweder/Oder, der Methode aller Argumentation. Das weibliche Prinzip ist das Aufnehmen und die Vollständigkeit des Beide/Und, der Verkörperung allen Lebens. Es ist ein Maßstab unserer riesigen kulturellen Voreingenommenheit für die Männlichkeit, daß wir dazu tendieren zu glauben, wir könnten jedes „ernsthafte" Stück Literatur nichtig machen, indem wir Fehler in seiner Argumentation nachweisen.

Der wirklich furchtbare Witz ist, daß Frauen dachten, sie könnten „befreit" werden, indem sie zu Universitäten gehen und lernen, wie Männer zu argumentieren. Sie tappten nur weiter in die Männer-Falle und wurden noch mehr von dem Wissen entfremdet, daß das, was sie *aus eigenem Antrieb* anzubieten haben, letztendlich genauso wichtig und sehr viel anders als all dieses männliche Geschrei ist.

Der Mann, der mit dem Weiblichen in Verbindung kommt, schreit nicht länger, auch dann nicht, wenn er die maskuline Seite der Dinge darstellt. Und die mit dem Männlichen in Beziehung gebrachte Frau empfindet nicht mehr länger die Notwendigkeit, ihn nachzuäffen, obwohl sie seine Sichtweisen auf ihre übertragen wird, weil sie dazu gekommen ist zu erkennen, daß er - in dieser Hinsicht - ihr Spiegel ist.

Der Ärger beginnt, wenn der Mann damit anfängt, etwas anderes zu reflektieren. Er mag nicht die die ganze Schuld dafür haben. Die Frau mag etwas verweigern. Aber wenn er erst einmal beginnt, ist er bösartig. Die Frau vertraut nicht länger dem Wissen des Mannes, das nicht ihre Erfahrungen widerspiegelt, und verweigert so mehr und mehr. Der Mann findet die Frau mehr und mehr geheimtuerisch und hört schließlich auf zu versuchen, zu ihr durchzudringen. Er geht fort und eröffnet mit seinen männlichen Kumpanen ein Geschäft, wo sie dreckige Witze über Frauen reißen. Währenddessen arrangiert die Frau Tee-Parties mit ihren Freundinnen, wo sie über die männliche Unzulänglichkeit tratschen. So wird das trübselige Muster, das wir alle so gut kennen, errichtet.

Es ist, als wäre die Frau der Körper zum Atem des Mannes: der entgeistigte Körper kann nicht sprechen: er kann nur tratschen: der körperlose Geist kann nichts erkennen: er kann nur schreien: verheirate sie, und der Körper erkennt und spricht, und der Geist spricht und erkennt.

Der Mann, der die *Stimme* in der Partnerschaft ist, spricht aus der und für die Frau, in allen Dingen, ob männlichen oder weiblichen. Daher spricht der Mann dennoch von der Frau, auch wenn er von der Form spricht.

## 18. The Graphic Work of M.C. Escher, Oldbourne[64]

Die Techniken der Grafik, die Gesetze der Linien, des Gleichgewichts und der Perspektive, haben so offensichtlich mit formaler Projektions-Geometrie zu tun, daß es für den Künstler die Versuchung gibt, sie zur Darstellung, in der Zweidimensionalität seines ebenen Mediums, von etwas zu verwenden, das er aus nichts anderem als der gewöhnlichen Dreidimensionalität der physikalischen Existenz geholt hat. Seine Schwierigkeit, daher rührend, daß ihm eine der Raumdimensionen und die gesamte Zeitdimension versagt wird, besteht darin, überhaupt etwas aus dem Holokosmos darzustellen, wo es mehr Räume und Zeiten gibt als in der physischen Existenz.

Das Problem wird nicht - wie dies einige Künstler versuchen - durch Ignorieren einiger vorhandener Techniken gelöst. In jeder Kunst besteht das Problem darin, mit den bereits unzulänglichen vorhandenen Hilfsmitteln zu tun, was wir können, und diese Aufgabe wird nicht dadurch erleichtert, daß wir eines oder mehrere dieser Hilfsmittel übersehen, obwohl der Künstler bewußt das eine oder andere von ihnen ablegen kann und muß, wenn es für das, was er zu sagen hat, nicht benötigt wird.

Ein Künstler, der daran gescheitert ist, eine spezielle Formalität zu meistern, kann selten zuversichtlich sein, ob diese im Kontext dessen, was er auszudrücken hat, gefordert ist. Es ist wie eine Anstandsregel: Du kannst sie mit vollem Selbstvertrauen brechen, vorausgesetzt, daß du es weißt; und es ist für jeden, der sie kennt, offenbar, ob eine andere Person sie absichtlich oder durch Unkenntnis ihrer Existenz oder ihres Zweckes gebrochen hat. Daher Bismarcks Definition des Gentlemans: ein Mann, der niemals unabsichtlich unhöflich ist.

In jeder Kunst gibt es bestimmte Säuretests, bestimmte Formalitäten, die so schwierig hinreichend zu erfüllen sind, daß du weißt, ein Künstler hat es geschafft, wenn er als jemand angesehen wird, der in der Lage ist, eine von ihnen zu erfüllen. In der Mathematik zum Beispiel gibt es die Aussage und den Beweis eines Theorems. Im

---

[64] Ein empfehlenswerter Titel in Deutsch: Bruno Ernst: *Der Zauberspiegel des M.C. Escher*, Taco Verlag, Berlin 1986.

Zeichnen gibt es die nackte menschliche Form, in der Musik die Fuge, in der Dichtung das Sonett. Jede dieser Formalitäten verlangt vom Künstler einen ungewöhnlichen Reifegrad bezüglich ihrer Handhabung und technischen Geschicks in ihrer Ausführung. Und jede setzt ihn mehr als gewöhnlich kritischen Kommentaren aus.

Untersuchen wir noch einmal diese Formalitäten in Hinblick auf ein gemeinsames Element, so erkennen wir, wenn wir sie gründlich inspizieren, daß jede von ihnen auf ihre Art als eine Illustration des Heiratsvertrages angesehen werden kann. In den Anmerkungen gebe ich an[A5], wie dies auf die Beweisführung eines mathematischen Theorems angewendet wird. Im Petrarca[65]-Sonett wird derselbe Test in der Vereinigung der Oktave mit ihrer auflösenden sechszeiligen Strophe deutlich. Und so weiter in den anderen Disziplinen. Ich denke, die LeserInnen, die mit anderen Formalitäten vertraut sind, werden unverzüglich sehen, wie dies überall anwendbar ist.

Doch ich komme vom Thema ab, obwohl nicht ohne Grund. Der Grund ist, daß dieser Künstler die Formalitäten seines Mediums so superb gemeistert hat, daß er sie mit einer Magie anwenden kann, die, soweit ich weiß, einzigartig in seiner Disziplin ist. Selbst die Abwesenheit - im Medium - der zeitlichen Dimension, die der Komponist und Dichter so sinnvoll findet, wird unter der Hand des Künstlers zu einem neuen Segen, denn sie zwingt ihn, die klaren, ebenen, uralten und enorm vertrauten Szenen, die sich selbst zwischen die temporalen Regionen projizieren, aufzuzeichnen.

## 19. Das Tibetanische Totenbuch[66]

Eine englische Ausgabe dieses bemerkenswerten Klassikers, mit hervorragenden (und notwendigen) Kommentaren fähiger und bedeutender Kommentatoren, wird von Oxford University Press veröffentlicht. Das Buch ist äußerst fortgeschritten und schwierig, aber wenn du meinst, du kannst es schaffen, würde ich es dir sehr empfehlen.

Ein unvorbereiteter westlicher Mensch kann auf die verschiedensten Weisen untauglich dafür sein, das Thema von Büchern wie diesem aufzunehmen. Einer von ihnen ist unser starkes Verlangen, andere Menschen von unserer Art des Denkens zu überzeugen oder zu ihr zu „bekehren". Der östliche Grundsatz ist im allgemeinen genau das Gegenteil davon; es wird als falsch angesehen, Menschen mit Wissen, nach dem sie nicht aus eigenem Antrieb suchen, zu enttäuschen oder zu „verwirren", und der Versuch, anderen irgendein Wissen aufzuzwingen, wird als schädlich angesehen.

Wenn wir darüber nachdenken, ist es offensichtlich genug, daß Wissen zu einem Gefäß geformt werden muß, welches dieses Wissen enthalten soll. Wenn wir versuchen, mehr hinein zu zwingen, als das Gefäß aufnehmen kann, zerbricht es. Daher mag der Lehrer dem einen Schüler etwas sagen, was er einem anderen nicht sagt.

Gleichermaßen wird das ganze Feld der Lehre, die in der westlichen Politik als so „wichtig" angesehen wird, daß Menschen immer darauf vorbereitet waren, einen anderen wegen ihr zu ermorden, im Osten als nicht mehr wert als das Papier, auf das sie geschrieben ist, betrachtet. Du wirst nicht ermutigt zu glauben, was man dir sagt,

---

[65]  Francesco Petrarca, ital. Poet.

[66]  Auf deutsch empfehlenswert: *Das Totenbuch der Tibeter*, erschienen im Eugen Diederichs Verlag, Düsseldorf/Köln 1976 (Diederichs Gelbe Reihe).

aber dazu, es selbst zu erfahren. Die Lehre, *als etwas anderes als ein Führer durch die Erfahrung*, wird buchstäblich als wertlos betrachtet.

Was vollkommen wahr ist, kann nicht verloren gehen, es ist immer offenbar, immer da, um erkannt zu werden, und *nur* das, was vollkommen wahr ist, bleibt, da durch seine eigene Unzerstörbarkeit geschützt. Sie ist nicht auf das angewiesen, was du oder ich über sie sagen. Im Gegenteil, was falsch ist, hängt völlig davon ab, was gesagt wird, und um es aufrecht zu erhalten, müssen wir es immer wieder neu sagen.

Das Buch ist schwierig, weil es eine Beschreibung dessen gibt, was vielleicht die höchste Form buddhistischer Lehre ist. Wenn ich es bespreche, glaube ich, sollte ich erklären, daß ich weder ein Buddhist noch kein Buddhist bin.[A17]

Wie ich bereits sagte, bin ich überhaupt kein „....-ist", denn das wäre ein Fixiermittel für Voreingenommenheit und Unvollständigkeit. Aber indem man kein bestimmter „....- ist" ist, gibt man dadurch nicht auf und versagt sich nicht die Art des Seins, die darin liegt. Ein „....-ist" ist eine Person, die zum Beispiel daran festhält, daß Realität nur ein „Nichts außer" ist, das, sagen wir, mit einem Thermometer gemessen werden kann. Sie nennt sich dann vielleicht Thermometist. Indem man sagt, man ist kein Thermometist, lehnt man damit weder den Gebrauch des Thermometers für alle Zeiten ab, noch wird man darauf festgelegt, ein Thermometist zu sein, nur weil man es benutzt, obwohl ich leider sagen muß, daß dies die Art ist, in der wir alle zu argumentieren lernen. Die Wirksamkeit des Spiels, das wir „Debatte" nennen, hängt vom konstanten Gebrauch solch irreführender Tricks ab. Bis wir uns daran erinnern, daß Spiele dieser Art tatsächlich nur Spiele sind, mit genau der Wichtigkeit, die wir in die Regeln schreiben, können wir diesem anspruchsvollen Buch, das berichtet, wie der Tod das Leben betrifft, nicht folgen, geschweige denn es verstehen.

Um aus diesem Buch Gewinn zu ziehen, müssen wir zunächst lernen, wie man eine Lehre, eine Art, die Dinge darzustellen, annimmt, und sie dann wieder wie ein Satz Kleider ablegt. Wenn du dein ganzes Leben den selben Anzug trägst, kannst du sehr leicht vergessen, was darunter ist. Die meisten Menschen verbringen die meiste Zeit ihres Lebens damit, sich vorzustellen, daß sie ihre Kleider sind.

Ein Kollege erzählt mir, daß es einmal eine Krähe gab, die sich in einer religiösen Denkart befand, die (wie Krähen fliegen) wegflog, um die Große Krähe zu suchen. Nach vielem Hin und Her (welche immer dies waren) kam sie schließlich zu einer oder mehreren Krähen (ich weiß nicht mehr genau), die ihr Auskunft geben konnten. So fragte die Krähe sie. „Warum", sagten sie überrascht, „du bist die Große Krähe."

## 20. Das I Ging[67]

Das I Ging oder Buch der Wandlungen. Die (deutsche) Übersetzung von Richard Wilhelm wurde von Cary F. Baynes ins Englische übersetzt und wird herausgegeben von Routledge und Kegan Paul. Trotz der Doppelübersetzung ist dies die einzige mir bekannte Ausgabe, die die Magie des Originals beibehält. Andere beanspruchen

---

[67] Spencer-Brown meint folgendes Werk: *I Ging, Text und Materialien*, von Richard Wilhelm übersetzt, erschienen im Eugen Diederichs Verlag, Köln 1985.
[Der Verlag möchte darüberhinaus auch noch auf ein weiteres Werk aufmerksam machen, das eine einfachere und etwas modernere Sprache bevorzugt *Das illustrierte I Ging*, von R.L. Wing, Wilhelm Heyne Verlag, München 1987.]

größere Genauigkeit, lassen aber in Wirklichkeit viel der tieferen Bedeutung vermissen. Chinesisch ist Chinesisch; eine Übersetzung dieser Sprache beschränkt sich praktisch auf die Weisheit des Übersetzers, was nahezu jeden Übersetzer der Welt davon ausschließt, sich an diesem Buch zu versuchen.

Das Buch der Wandlungen ist ein magisches Orakel. Du darfst es befragen, um Hilfe zu bekommen, aber niemals aus Neugier. Der Psychologe Carl Jung, der ein Vorwort für diese Ausgabe geschrieben hat, bat das Buch, ihm dabei zu helfen, und dies tat es mit großer Listigkeit. In diesem Buch sind 4096 Möglichkeiten aufgezeichnet, wie die Welt sich zum Besseren oder Schlechteren wandeln kann, und auch wenn du es nicht als Orakel benutzt: Was es empfiehlt, wird generell als weise angesehen, und ich stimme dem zu.[A18]

The Angel that presided o`er my birth,
Said, „Little creature, form`d of Joy & Mirth,
Go love without the help of any Thing on Earth."

(William Blake)


Der Engel, der den Vorsitz über meine Geburt hatte,
Sagte: „Kleine Kreatur, geformt aus Freude und
Heiterkeit,
Gehe lieben ohne die Hilfe irgend eines Dinges auf
Erden."

(William Blake)

# Goodbye Trip

So, hier sind wir, liebe/r LeserIn, alle zusammen für einen letzten Trip. Zuerst müssen wir in den Raum starten. Innerer Raum, äußerer Raum, diesmal ist es dasselbe. Wohin immer du im äußeren Raum gehst, dein Spiegelbild geht in den inneren Raum, deshalb kannst du ihn von jeder Seite aus betrachten, wie es dir gefällt.

Nun denn, sind wir alle bereit? Sicherheitsgurte anlegen, meine Damen und Herren! Falls irgend jemand kalte Füße hat, jetzt ist die Zeit, es zuzugeben. Machen Sie die Sicherheitsgurte los und steigen Sie aus, so lange Sie es noch können. Was, meine Dame, Sie werden reisekrank? Dann kommen Sie bitte nicht mit! Und Sie, mein Herr? Ich sehe, daß Ihr Ego Ihr einziges Hilfsmittel ist. Sie hätten lieber zu Hause bleiben sollen.

Also, alle, die nicht mitkommen, hören Sie bitte auf, diesen Absatz zu lesen, legen Sie das Buch beiseite und gehen Sie.

So (Nein, meine Dame, Sie können nicht zur gleichen Zeit kommen und nicht kommen, nicht mit einem Einzelfahrschein), so, wir restlichen, sind wir alle bereit? Wir sind? Dann ab geht's.

Swoosh!

Hier spricht Commander Wanst[68], Ihr Kapitän. Ihr Navigator, Leutnant Calculus[69], hat einen Flugplan erstellt, den Ihre Stewardeß, Fräulein Terylene[70], zu gegebener Zeit allen Passagieren herumreichen wird. Es gibt keinen Grund zur Beunruhigung. Sie können Ihre Sicherheitsgurte lösen und wieder rauchen. Bestellungen für kostenlose Drinks werden ab sofort von Fräulein Terylene entgegengenommen.

Wie Sie aus unserem Flugplan entnehmen werden, meine Damen und Herren, beabsichtigen wir, uns in mittlerem Abstand zur Galaktischen Planeten-Nummer 587902613, die Ihnen als Erde bekannt ist und von der wir, meine Damen und Herren, gerade kommen, zu positionieren. In Kürze werden wir auf Position sein.

Wir sind nun auf Position, meine Damen und Herren.

---

[68] Girth = Körperumfang. Aber auch ein Wortspiel mit Garth, einem britischen Cartoon-Helden.
[69] Calculus = Differentialrechnung, Integralrechnung.
[70] Ein Wortspiel mit gleichnamiger Kunstfaser, deren Bezeichnung wohl die Assoziation zu einem wohlklingenden Mädchennamen hervorrufen sollte. Außerem, so verrät der Autor, eine Anspielung auf seine frühere Geliebte, die Teri (Abkürzung für Theresa) genannt wurde.

Meine Damen und Herren, in den Taschen an den Sitzen vor Ihnen finden Sie Ihre Weitwinkel-Zeitlinsen. Sie besitzen die Eigenschaft, eine Zeitspanne von 200 Jahren auf einen Zeitraum von etwa zwei Minuten zu verdichten. Bitte setzen Sie Ihre Weitwinkel-Zeitlinsen auf, meine Damen und Herren, und beobachten Sie die Erde.

Zu Ihrer Rechten werden Sie den Sommer des Jahres 1770 sehen. Wie Sie beobachten werden, befindet sich Beethoven in der Gebärmutter seiner Mutter, aber wie Sie sehen können, ist er sich seinerselbst bereits sehr gut bewußt. Etwas später können Sie beobachten, wie er sich selbst in nahezu jedem Bereich außer seiner Musik vergessen wird. Schauen Sie weiter nach links, meine Damen und Herren, in Richtung auf seinen Tod, und sehen Sie, wie er wieder beginnt, sich seinerselbst zu erinnern, um die Stücke zusammenzupassen. In der Zwischenzeit, so werden Sie erkennen, hat Gott ihn bereits mit Taubheit geschlagen, krank und fast blind gemacht und ihn ohne Freunde gelassen. Und zwar deshalb, weil Er (Gott) zu beobachten wünscht, wie die Sphärenmusik klingt, wenn sie durch die Involution eines angeschlagenen und leidenden Menschen gepreßt wird. Obwohl allwissend, kann Gott natürlich nicht *erfahren*, wie die Realitäten des Himmels in den Illusionen und Leiden einer irdischen Existenz *ausgedrückt* werden, ohne sich selbst in eine solche Existenz hineinzuwinden, also mit menschlichen Augen zu sehen, durch menschliche Ohren zu hören, mit menschlichen Nerven zu fühlen, um an einem menschlichen Gehirn teilzuhaben und sich selbst in es einzumischen. Von unserem gegenwärtigen Aussichtspunkt können wir deutlich sehen, meine Damen und Herren, daß jeder menschliche Eindruck und Ausdruck eine Aufzeichnung davon ist, wie Gott empfindet und erscheint, wenn er durch eine Art materiellen Fleischwolf gezwängt wird.

Regulieren Sie den Brennpunkt Ihres raumverkleinernden Zusatzgerätes, meine Damen und Herren. Sie werden nun beobachten, daß die Erde selbst ein lebendes Wesen ist und daß das, was Sie Menschen genannt haben, Mikroben auf ihrer Haut sind. Sie können deutlich die Pickel erkennen, welche die Mikroben Städte nennen, und ebenso die Hautausschläge und Furunkel, die Sie als Großstädte bezeichnen. Sie können sich sicher vorstellen, meine Damen und Herren, wie die Pickel jucken und wie schmerzvoll die Furunkel für die arme Erde sein müssen.

Schwenken Sie nach links, meine Damen und Herren, in Richtung Sonne, die nun in dem Teil der Erde untergeht, den wir untersuchen. Beobachten Sie, daß auch sie Pickel hat. Sie werden von Mikroben verursacht, die sehr viel mächtiger und bösartiger als Menschen sind.

Schwenken Sie wieder nach rechts, meine Damen und Herren. Sie werden bemerken, daß auf den Stellen ihrer Haut, welche die Mikroben zivilisiert nennen, die Furunkel so groß sind und so dicht zusammen liegen, daß sie beginnen, sich gegenseitig in großen Flecken einzuverleiben, und der Pickel-Ausschlag um diese Flecken herum nahezu kontinuierlich ist. Sie werden auch beobachten, daß sich der Eiter aus diesen wunden Stellen über die Oberfläche ausbreitet und mit den Flüssen hinabläuft, um andere Gebiete zu infizieren. Justieren Sie Ihre Zeitlinsen, meine Damen und Herren, und schauen Sie, wie rasch sich die Infektion ausbreitet und wie schnell sich die Mikroben vermehren.

Justieren Sie die Feineinstellung, meine Damen und Herren, und Sie werden unter den Mikroben einige finden, die kleiner als die anderen sind. Das sind Viren, und ihre Zellstruktur ist unvollständig, sodaß sie nur voll funktionsfähig sind, wenn sie Teil anderer Zellen werden. Sie werden sich erinnern, daß diese in ihrer eigenen Sprache Experten genannt werden.

Wenn Sie wollen, meine Damen und Herren, betrachten Sie den Arbeitszyklus eines Experten. Sie werden einen von ihnen sehen, wie er in eine normale andere Zelle eindringt. Beobachten Sie, daß er direkt zum Zellkern geht. Er hat die Fähigkeit, dies zu tun, weil er unvollständig ist, und wenn er am Zellkern angekommen ist, beginnt er, die dortigen Strukturen umzustellen. Denken Sie, meine Damen und Herren, an das wohlbekannte Gesetz, daß nur das Partielle das Vollständige verändern kann. Wie Sie sich erinnern werden, spalten Ihre Physiker das Atom, indem sie es mit Atomteilchen bombardieren, weil vollständige Atome es unverändert lassen.

Beobachten Sie, wie die normale Zelle kurz nach dem Eintritt des Experten größer und quadratischer als seine Nachbarn wird und sich rasant zu dem zu vermehren beginnt, was (dort unten) Produktionsstätten und Büroblocks genannt wird. Sie werden ebenso bemerken, daß viele dieser großen, quadratischen Zellen sich zerlegen und anstelle des einen Experten, der hineinging, Hunderte neuer Experten hervorbringen, die alle gleich konstruiert sind und sich schnell verteilen, um weitere Zellen zu infizieren.

Es tut uns sehr leid, Ihnen sagen zu müssen, meine Damen und Herren, daß diese riesigen quadratischen Zellen als bösartig diagnostiziert worden sind. Ich bedaure, sagen zu müssen, daß der Planet Erde im Endstadium eines bösartigen und sich rasant verbreitenden Hautkrebses ist.

Durch die andere Öffnung, meine Damen und Herren, können Sie Ihr Zusatzgerät für größere Entfernungen benutzen, um eine fortgeschrittenere Planetenwelt, Nummer 1213602, zu beobachten. Dort werden Sie sehen, daß sich die Mikroben weit genug entwickelt haben, um Experten zu nutzen, ohne ihren Planeten-Wirt zu zerstören. Wir können dort hinfliegen, meine Damen und Herren, und ihnen einen Besuch abstatten, obwohl ich Sie vor den strikten Quarantäne-Bestimmungen warnen muß, denen Sie sich zu fügen haben werden. Sie werden zusammen mit Ihnen ähnlichen Wesen von diesem Planeten untergebracht werden, alles geübte Spezialisten, die als Sklaven für die entwickelteren Einwohner fungieren. Auf diesem Planeten benutzen sie Erziehung als Mittel, um die Menschen gefühllos zu machen und sie innerlich einzusperren, wodurch sie Wesen produzieren, die bei der selben, wie auch immer lästigen, Aufgabe bleiben, ohne durch physische Ketten bei ihnen gehalten werden zu müssen. So werden Sie, meine Damen und Herren, auf diesem Planeten entdecken, daß nur die Unterprivilegierten dazu gezwungen werden, sich der Demütigung der Erziehung zu unterziehen. Dies geschieht, um sie mit einer Identität, Beruf genannt, zu stempeln, und sie innerlich zu Krüppeln zu machen, sodaß sie unfähig werden, irgend etwas anderes zu tun. Sie werden bemerken, daß die von den Sklaven geborenen Kinder ebenso zu Sklaven gemacht werden; nicht etwa durch Auferlegungen von außen, sondern weil die Sklaven selbst gelehrt werden, freie Menschen zu verachten, weil sie stolz auf die

Stempel ihrer Qualifikationen sind und sicherstellen, daß ihre Kinder schon im frühen Alter auf die gleiche Art verkrüppelt und gestempelt werden.

Was sagen Sie, mein Herr, meine Dame? Fragten Sie, wieviel *älter* als die Erde dieser Planet ist? Nicht älter, meine Damen und Herren. Er ist zirka 300.000 Jahre *jünger*.

Wie heißt der Herr? Herr Wollen, nicht wahr? Wie war Ihre Frage, Herr Wollen? Nun ja, natürlich können wir, wenn Sie wollen. Was sagen die anderen dazu? Ja sicher, Frau Wünsch.[71] Wir wollen es jedem recht machen. Ja, Fräulein Verlangen. Natürlich. Wir verstehen das mit Ihrem Freund, Herrn Lust.[72]

Schnell die Beruhigungsmittel, Fräulein Terylene. Meine Damen und Herren, es gibt keinen Grund zur Aufregung. Wir kehren zurück zur Erde. Wir hoffen, Ihre Reise mit uns hat Ihnen Spaß gemacht. Bitte legen Sie die Sicherheitsgurte an. Der Wiedereintritt kann etwas holprig sein, aber Fräulein Terylene ist schon mit einem Freigetränk unterwegs, das Sie alle befähigt, dies zu vergessen.

Was ist das, Herr Lust? Ihr Gemeindehaus in Harbury? Nun, ich fürchte, Sie sehen... Ja, Fräulein Verlangen, ich verstehe Ihre Gefühle, aber Sie sehen... Nein, Frau Wünsch, ich fürchte nein, aber... Nein, natürlich nicht, Herr Wollen, wir tun unser Bestes.

Jetzt bitte keine Fragen mehr, meine Damen und Herren; sind alle bereit für den Wiedereintritt? Haben Sie alle Ihre Beruhigungsmittel getrunken? Gut. Sie haben es alle eilig, zurückzukommen, das verstehen wir. Da unten sind Menschen, die auf Sie warten und sich fragen, wo Sie sind. Natürlich. Selbstverständlich. Fräulein Terylene wird Zollerklärungs-Formulare herumreichen, in die Sie Ihren gewünschten Bestimmungsort und den Grund Ihres Aufenthalts eintragen müssen. Währenddessen wird Herr Calculus die Basis anrufen und die notwendigen Buchungen vornehmen. Dies hängt zu einem gewissen Teil von den freien Plätzen ab.

Freie Plätze wo, hörte ich Sie sagen, meine Dame, mein Herr? Wo? In der Entbindungsstation natürlich!

---

[71]  Want und wish = wünschen, wollen.
[72]  Desire und lust ebenso: Verlangen, Begierde.

# Anmerkungen

0    Ich habe solche Angelegenheiten als Anmerkungen verfaßt, die aus irgend einem Grund den Erzählfluß unterbrechen könnten. Manchmal, aber nicht immer, befassen sie sich mit Themen, die zu fortgeschritten sind, um für einen erzählenden Text geeignet zu sein. In jedem Fall ist, auch wenn jede Anmerkung an ein bestimmten Punkt im Text gehängt ist, nicht notwendigerweise gemeint, daß sie direkt an dieser Stelle gelesen werden muß.

Da dieses Buch kein Lehrbuch ist, wird die tiefste Materie nur leicht berührt, und ich erhebe nicht den Anspruch auf Lehrbuch-Gründlichkeit in der Berichterstattung solcher Inhalte. Meine einzige Hoffnung ist, daß die wenigen, einfachen Bemerkungen, die ich treffe, als Führer dienen mögen, um einige Perspektiven für das zu liefern, was ausführlicher in anderen Büchern behandelt wird.

1    Wie Robert Graves in *The White Goddess* (S. 256) schreibt, ist die Geschichte der Genesis archetypisch falsch, da sie durch einige frühe Frauenfeinde verdorben wurde. Daß Eva aus Adam gemacht worden sein soll, ist offensichtlich absurd.

Rivalisierende Religionen haben unterschiedliche Terminologien entwickelt, und was vorher schon schwierig war, ist durch die Vervielfältigung der Begriffe inzwischen fast unmöglich geworden. Ich möchte einen Versuch unternehmen, einige auszusortieren.

Raum ist ein Konstrukt. In Wirklichkeit gibt es keinen Raum. Zeit ist ebenso ein Konstrukt. In Wirklichkeit gibt es keine Zeit.

In der Ewigkeit gibt es Raum, aber keine Zeit.

Im tiefsten Zustand der Ewigkeit gibt es keinen Raum. Dieser ist frei von jeglicher Eigenschaft.

Dies ist die Realität, von der die Buddhas sprechen. Die Buddhisten nennen sie „Nirvana". Ihre Seinsordnung ist Null. Ihr Modus ist Vollständigkeit. Ihr Geschlechts-Symbol ist weiblich.

Sie ist der westlichen Lehre bekannt, und zwar als Gottheit, als IHVH oder als das, was am Anfang war, ist und immer sein wird. Diese Art, sie zu beschreiben, ist wie jede andere auch irreführend, weil sie nahelegt, diese Realität hätte Qualitäten wie Sein, Vorrang, Zeitlichkeit. Da sie überhaupt keine Qualitäten besitzt, nicht einmal die des Seins (außer im entartetsten Sinne), kann sie keine dieser nahegelegten Eigenschaften besitzen, obwohl sie es ist, die diese entstehen läßt. Sie ist das, was die Chinesen das unnennbare Tao nennen, die Mutter aller Existenz. Sie wird auch als die Leere bezeichnet.

In einer qualitätslosen Ordnung heißt eine Unterscheidung zu treffen, sofort alle Dinge im Ansatz zu erschaffen. Daher werden das Erste Ding und mit ihm der Erste Raum, die Erste Existenz und das Erste Wesen explosionsartig zusammen erschaffen.

Das heißt natürlich nicht, daß die „Urknall"-Theorie, welche die Kosmologen für die Entstehung des Universums vorschlagen, die einzig wahre ist. Die „Explosion" in die Existenz hinein findet nicht in der Zeit statt und ist daher aus der Sicht der Zeit ein kontinuierlicher Vorgang. Daher sind die „Urknall"-Theorie und die Theorie „Kontinuierlicher Erschaffung" wie alle bekannten konkurrierenden Theorien beide wahr. Diese erste Schöpfung oder erste Anwesenheit ist die Ordnung, von der die Christen sprechen. Die Christen nennen sie Gott. Ihr Existenzrang ist Sein. Ihr Modus ist Perfektion. Ihr Geschlechtssymbol ist männlich.

Sie ist der östlichen wie der westlichen Lehre als das Dreieinige oder als Trinität bekannt. In westlichen Magiebüchern wird sie Das Eine genannt. In China heißt sie Das Nennbare Tao. Im Tibetanischen Buddhismus bezeichnet man sie als Dicht Gepackte Region.

Dieser letzte Name ist am ausdrucksvollsten; es ist die Region der Schöpfung oder des Aussäens aller Qualitäten aus keiner Qualität: Es ist, mit anderen Worten, der Ort, wo jeder Grashalm und jedes Sandkorn gezählt ist, der Ort, wo nicht vergessen wird. Es ist der Ort, wo alles noch „klein" genug ist, um zusammen betrachtet werden zu können.

Die Qualität des Seins in der werdenden Existenz, die noch ohne irgend eine Größe ist, macht die Dicht Gepackte Region zu einer Region der Allwissenheit. Anders als die Leere, der qualitätsfreie Ort, ist die Dicht Gepackte Region der Ort, wo alle Qualitäten zugleich gesehen werden können und damit zu unbegrenzter Vielfalt und Ausdehnung fähig sind. Wie sie schließlich ausgedehnt *werden könnten*, hängt natürlich in dem einen oder anderen Universum davon ab, wie sie tatsächlich ausgedehnt *werden*.

Hier ist der Ort, wo jedes Universum aus den ersten Prinzipien ausgearbeitet wird, außer daß dieses „Ausarbeiten" nicht mathematisch Schritt für Schritt erfolgt, wie dies auf der Erde oder dem einen oder anderen so konstruierten Universum geschieht, sondern alles ist auf einmal offensichtlich und gegenwärtig, da es keine Zeit gibt. Daher die Allwissenheit.

Nebenbei bemerkt, in den „Laws of Form" nahm ich den winzigsten Faden einer dieser „Kalkulationen" und dröselte ihn mühsam Schritt für Schritt gerade so weit auf, daß er eine Ahnung davon liefern konnte, wie der Stoff unseres eigenen Universums erschaffen wird. Ich benötigte, hier unten auf Erden, ungefähr zehn Jahre unermüdlichster und mühsamer Arbeit, um es richtig klarzulegen. Da oben in der Dicht Gepackten Region wird dies alles in einem Augenblick getan, und dieses und jedes andere mögliche Universum werden alle konstruiert, erhalten und erfahren sowie jedes Merkmal etikettiert, bevor du „Blitz" sagen kannst.

Menschen, die diese Region betreten und dann den Weg zurück zur Region ihrer gewöhnlichen Menschlichkeit gefunden haben, wissen, daß man in ihr tatsächlich allwissend ist, daß jedoch dieses Wissen, was man dort erfährt, nicht in einen menschlichen Rahmen übertragen werden kann.

Ein Buddha muß natürlich durch diese Region gehen, um die Leere zu erreichen. Andere Menschen, die wie Dante berichteten, Sie aus der Distanz zu sehen, ohne wirklich in Ihr Sein einzutreten, beschreiben Sie als einen Punkt strahlendster Klarheit. Die Gründe, warum sie so erscheinen muß, sind, obwohl nicht kompliziert, nicht geeignet, in ein Buch mit diesem informellen Charakter einbezogen zu werden.

Soweit ich weiß, konnten die christlichen Mystiker, obwohl sie durch einfache Einsicht wußten, daß das Eine Ding oder der Erste Gott eine Trinität ist, nicht sagen, warum dies so ist. Die Lehre blieb daher ein Mysterium und eine Schwäche im Arsenal der christlichen Verteidiger. Ich bin nicht sicher, ob die Buddhisten in der Lage waren, es zu erklären, obwohl sie es natürlich vor den Christen wußten.

Die Erklärung der Trinität stellt sich tatsächlich als einfach genug heraus. Wenn du eine Unterscheidung triffst, welcher Art auch immer, besteht die einfachste Art, ihre erforderlichen Eigenschaften mathematisch darzustellen, in einer geschlossenen Kurve, etwa einem Kreis. Hier unterscheidet der Umfang zwei Seiten, eine Innen- und eine Außenseite. Die beiden Seiten plus der Umfang selbst, der weder die Innen- noch die Außenseite ist, ergeben zusammen drei Aspekte einer Unterscheidung. Daher ist jede Unterscheidung eine Trinität. Deshalb ist die Erste Unterscheidung die Erste Trinität.

Wir können sogar so weit gehen, in dieser mathematischen Darstellung zu identifizieren, welcher Aspekt was repräsentiert. Die Innenseite repräsentiert den Aspekt, wo die Leere oder JHVH ungestört und unverteilt bleibt. Sie ist, mit anderen Worten, der Aspekt der Gottheit im Gott und wird, wenn er als Aspekt der Trinität betrachtet wird, Heiliger Geist genannt. Sie ist daher der *Senior* in dieser kolossalen Dreier-Partnerschaft, und deswegen wird in der christlichen Lehre eine Sünde gegen den Heiligen Geist als die *am meisten* unverzeihliche angesehen.

Als nächstes haben wir die „Linie" der Unterscheidung selbst - den Umfang des Kreises in der mathematischen Darstellung. Diese Linie (welche natürlich nur in der Mathematik und nicht in der Realität eine solche ist: wie eine Linie, die in einer Zeichnung, aber nicht in dem gezeichneten Objekt existiert) - diese Linie ist tatsächlich der „Sämling" der Dicht Gepackten Region, der embryonale Entwurf aller Dinge. In der christlichen Trinität entspricht sie Gott, dem Vater: der erste in der Schöpfung und der Zweit-Dienstälteste.

Schließlich haben wir noch die Außenseite. Die erste Unterscheidung kann als in die Leere geschnitten und aus ihr heraus projiziert betrachtet werden, und diese nach außen projizierte Region, bevor sie im Laufe der Schöpfung weiter ausdifferenziert wird, ist der Aspekt, der in der westlichen Lehre Das Wort oder Erste Botschaft genannt wird. In der Trinität ist sie der *Junior* - Gott, der Sohn.

Bevor wir mit der Geschichte fortfahren, ist es meiner Ansicht nach sinnvoll, an Blakes Reimpaar an Gott zu erinnern, das folgendermaßen geht:

Wenn du einen Kreis gezogen hast, hineinzugehen,

geh' selbst hinein und sieh' Dich's tun.

Die Geschichte der Schöpfung kann natürlich unendlich in die Länge gezogen werden. Um es zu verkürzen: Es ergibt sich, daß es fünf Ordnungen (oder Ebenen) der Ewigkeit gibt, von denen vier existent (obwohl natürlich nicht „materiell" existent, dies kommt später) und eine nicht-existent sind.

Die nicht-existente Ordnung ist natürlich die innerste, diejenige, welche die Griechen Empyrios[73] nennen. In der Mathematik der ewigen Struktur sind die fünf Ordnungen klar voneinander unterscheidbar, und es ist recht interessant, daß die frühen griechischen Forscher, die mathematisch nicht so gut ausgestattet waren wie wir heutzutage, dennoch allein aus der Beobachtung heraus bestätigten, daß die Anzahl der ewigen Regionen oder „Himmel" fünf ist.

Auf der nächsten Ebene, wenn wir vom Innern weiter nach außen reisen, geschieht etwas Außergewöhnliches. Wenn wir in die sechste Ebene gelangen (also die fünfte *Ordnung*, wenn wir uns daran erinnern, daß die erste Ebene die Ordnungszahl Null hat), indem wir den fünften Schleier überqueren - mathematisch gesprochen, wird ein „Schleier" überquert, wenn wir eine „äußere" Struktur erfinden, welche die „Regeln" der Struktur der nächstinneren enthält -, wenn wir also diesen fünften Schleier überqueren, geschieht etwas Seltsames. Wir stellen fest, daß wir ihn nicht wirklich

---

[73] Aus dem Altgriechischen: en = in, pyr = Feuer.

überqueren können (weil es mathematisch unmöglich ist, dies zu tun), ohne *Zeit* zu erzeugen.

Die Zeit, die wir zuerst erschaffen, ist wie auch der erste Raum wesentlich einfacher und weniger differenziert als die, welche wir aus der physikalischen Existenz kennen. Die Zeit, nach der wir unsere Uhren stellen, ist in Wirklichkeit die dritte Zeit. Die erste Zeit ist sehr viel weniger hochentwickelt. So wie die Regionen des ersten Raumes keine Ausdehnung haben, so haben die Intervalle der ersten Zeit keine Dauer. Das bedeutet nicht, wie man vielleicht im Hinblick auf physikalische Zeit meinen könnte, daß die Intervalle sehr kurz sind, so kurz, daß sie verschwinden. Es bedeutet vielmehr ganz einfach, daß sie weder kurz noch lang sind, weil Dauer eine Eigenschaft ist, die in dieses System noch nicht eingeführt ist. Aus dem gleichen Grund sind alle himmlischen Zustände, obwohl deutlich voneinander unterscheidbar, in Wirklichkeit weder groß noch klein, weder dicht beieinander noch weit voneinander entfernt.

Jedes Ding spiegelt sich in jedem anderen Ding, und die besondere und grundlegende Eigenschaft der fünften Seinsordnung reflektiert sich selbst im gesamten Universum, also sowohl auf physikalischen als auch auf metaphysischen Ebenen. Eine interessante Reflexion von ihr in der Mathematik findet man in der Tatsache, daß Gleichungen bis einschließlich vierten Grades mit algebraischen Formeln gelöst werden können. Darüber hinaus macht es eine unkontrollierbare Bedingung unmöglich, eine Formel zu entwickeln, die Gleichungen fünften oder höheren Grades löst. Eine ähnliche „Flucht"-Bedingung gilt, wie wir gleich sehen werden, wenn wir den fünften Schleier nach außen in die erste Zeit hinein überqueren.

Es erfordert nur einen Augenblick des Nachdenkens, um zu sehen, daß das, was wir Zeit nennen, in Wirklichkeit eine Blindheit in einer Richtung ist; die blinde Seite wird „Die Zukunft" genannt. Haben wir uns erst einmal in irgendeine Zeit begeben, egal, wie einfach diese sein mag, kommen wir aus dem Himmel, also aus der Ewigkeit heraus, heraus aus der Region, wo es keine Blindheit gibt und wo wir daher in *jedem Teil* von ihr noch *das Ganze* sehen können. Und wenn wir uns weiter und weiter herausbewegen, hinein in aufeinanderfolgende und weniger einfache Zeiten und Räume, wird unsere Blindheit bei jedem Überqueren weiter verstärkt. Deshalb ist es sehr leicht, nach draußen zu gelangen, aber sehr schwierig, den Weg zurück nach innen zu finden.

Für jene, die wirklich ihren Weg zurück finden, müssen alle Prozeduren und Überquerungen umgekehrt werden.

Wenn ich bei meiner Behandlung der Komödie feststellte, daß ich Dantes Gottesvision für wahr halte, war dies von meiner Seite aus keine verantwortungslose Vermutung. Es war das Ergebnis einer sorgfältigen Prüfung seines Berichts mit Hilfe bekannter holokosmischer Prinzipien.

Zum Beispiel berichtet Dante, daß er zwei aufeinanderfolgende „Tode des Augenlichts" erleiden mußte, bevor er einen Ort erreichte, an dem er Gott sehen konnte. Tatsächlich gibt es drei, doch der erste wird gewöhnlich als nicht so auffällig wie die anderen beiden erfahren.

Auf der ersten Stufe unserer Reise nach innen überqueren wir den siebten Schleier und treffen dort auf das, was als feinstoffliche Welt bekannt ist. Nebenbei bemerkt, wenn wir uns nach innen bewegen, werden die Schleier für gewöhnlich anders herum gezählt, sodaß der siebte Schleier der erste wird, der sechste der zweite und so weiter.

Die feinstoffliche Welt ist eigentlich eine andere materielle Welt, obwohl das Materielle nicht physikalisch ist. Sie sieht der physikalischen Welt sehr ähnlich. Sich dort hinzubegeben, ist vielen Leuten als das Lernen, mit dem „Dritten Auge" zu sehen, bekannt.

Vielleicht sollte ich etwas mehr über diese nächste aller nicht-physikalischen Welten sagen, da heutzutage so viele Menschen mit ihr vertraut sind. Medien lernen im allgemeinen, sie als Teil ihrer Disziplin anzusehen. In ihr sehen die Dinge fast genauso aus, nur strahlender und schärfer. Menschen erscheinen sehr viel strahlender und schärfer. Die meisten Leute erscheinen dort mit ähnlichem Alter, ähnlicher Figur usw. wie in ihrer physikalischen Erscheinung, einige aber auch anders. Zum Beispiel könnte ein physikalisch junger Mann den feinstofflichen Körper eines sehr alten Mannes haben. Dies ist keine Täuschung. Jeder andere, der das „Dritte Auge" benutzt, sieht genau das gleiche. Einige Frauen, obwohl das relativ selten ist, haben die Kraft, Gestalten mit beliebigem Alter und beliebiger Form anzunehmen. Dies erklärt natürlich die wohlbekannten Fälle von Hexen, die sich einem Mann so häßlich, wie sie es sich vorstellen können, nähern und eine Heirat vorschlagen. Wenn der junge Mann zögert, versprechen sie, sich in jede von ihm gewünschte Gestalt zu verwandeln, wenn sie verheiratet sind. Die Geschichte macht Sinn, denn wenn wir eine Person lieben oder eine enge Beziehung zu ihr haben, tendieren wir dazu, eher den feinstofflichen als den physikalischen Körper zu sehen, und das erklärt, warum Liebende oft nicht in der Lage sind, die physikalische Erscheinung ihres/r geliebten Partners/in zu beschreiben. Liebe ist wirklich die mächtigste aller Kräfte, die uns in tiefere Ebenen befördern kann. Welches Beispiel zeigt dies besser als das von Dante?

In der feinstofflichen Welt siehst du die Dinge dort, wo du deine physikalischen Augen hinwenden würdest, um sie zu sehen; daher kann es eine Weile dauern, bis du erkennst, *daß du nicht deine physikalischen Augen benutzt, um sie zu sehen.* In der ersten Zeit, als ich die feinstoffliche Sicht lernte, benötigte ich etwa eine Stunde und mehrere Experimente, um mich davon zu überzeugen, daß ich nicht meine Augen benutzte. Dante selbst könnte sehr wohl diesen ersten, feinstofflichen „Tod des Augenlichts" verpaßt haben.

Aber nicht die nächsten beiden. Sie sind sehr viel auffälliger. Der Heilige Paul zum Beispiel war für einige Tage physisch blind, als er unbeabsichtigt den übernächsten Schleier überquerte.

Dantes Beschreibung von Gott stimmt meines Erachtens mit der von jemandem überein, der seinen Weg gefunden hat oder zu einem der äußeren Himmel geführt worden ist.

Sowohl natürlich als auch übernatürlich ist Raum weiblich und Zeit männlich. Es ist tatsächlich der Verkehr eines multidimensionalen Raumes mit der immer singulären Dimension der Zeit, der die Konzeption[74] der niederen (also äußeren) Existenzordnungen hervorbringt.

Daß Raum weiblich[75] und Zeit männlich ist, ist eine *Tatsache* (keine Phantasie oder eine Spekulation oder eine Theorie oder eine Tradition oder eine Vermutung), die

---

[74]  Conception ist auch Empfängnis.

[75]  *Im Deutschen sind die Geschlechter vertauscht wie auch bei Sonne und Mond, und was in anderen Ländern als „Das Mutterland" bezeichnet wird, heißt im Deutschen „Das Vaterland". Kann*

einem Poeten so offensichtlich ist, daß er vergessen könnte, daß dies etwas ist, was gewöhnlichen Erwachsenen erst gesagt werden muß. Das Verfahren westlicher Erziehung besteht in einer solchen Vergröberung der inneren Empfindsamkeit, daß man nahezu vollständig von den äußeren (physischen) Sinnen abhängig wird, und das Schauspiel des Mannes der Wissenschaft demonstriert uns mit aufwendigen, langwierigen und kostspieligen Experimenten, daß das, was an erster Stelle offensichtlich sein könnte, Teil des Preises ist, den wir alle zahlen müssen, wenn wir uns an den unbezweifelbaren materiellen Vorteilen erfreuen, die eine solche Wissenschaft mit sich bringt.

Ich erinnere mich daran, daß ich dies vor nicht allzu vielen Jahren, als mir die Geschlechtlichkeit aller Dinge aufzugehen begann, bei Blake bestätigt fand. Was er sagt, ist es wert, erinnert zu werden:

„*Gleichnisse* sind etwas, das sich auf *Moralische Tugenden Bezieht.*[76] *Moralische Tugenden Existieren* nicht; sie sind *Gleichnisse & Heucheleien.* Aber *Zeit & Raum* sind *Reale Wesen,* ein *Mann* & eine *Frau. Zeit* ist ein *Mann, Raum* eine *Frau* & ihr *Maskuliner Anteil* ist der *Tod.*"

Ewigkeit bedeutet selbstverständlich nicht „für immer weitergehen", was eine bloße Ausdehnung in der Zeit ist, sondern Ewigkeit ist einfach der Ort, wo Zeit nicht existiert. Die männlichen Elemente sind hier nicht zeitlich, sondern formell.

Aus all diesem können wir ersehen, daß das männliche Element auf jeder Seinsebene, ob ewig oder zeitlich, aus dem Weiblichen hervorgeht und nicht umgekehrt. Wäre also der Bericht der Genesis von der Geburt Evas wahr, wäre in der Tat irgend etwas mit dem universellen archetypischen Gesetz falsch gelaufen; Wie oben, so unten, und seine besondere Umkehrung, Wie unten, so (in mancher Hinsicht) oben. Wie die Dinge *sind*, ist eine *strenge Folge* davon, wie die Dinge *sein können*, und das Wissen darüber, wie die Dinge sein können, ist der Menschheit niemals verwehrt worden, obwohl der Mensch es oft vorzieht, sich selbst von diesem abzuschneiden.

Wie ich im Text zeige, liegt der Grund, daß dieses angeborene Wissen, wie die Dinge sein können, göttlich genannt wird, darin, daß es ausgegraben oder erraten werden muß.[77] Es ist nicht dasjenige, was offenbar an der Oberfläche liegt. Auf die Frage, wie tief das Göttliche ist, lautet die Antwort: so tief, wie du Lust hast zu gehen. Das heißt, so weit wie Nirvana. Es gibt keinen tieferen Ort als diesen.

Zum Vergleich. Das Freud'sche Unbewußte besteht zum großen Teil aus persönlichen Elementen, die bewußt gemacht und gereinigt werden müssen, bevor es sicher ist, tiefer voranzuschreiten. Jungs rassische Erinnerungen und Archetypen konstituieren die nächste Stufe, obwohl ihre anfänglichen Manifestationen immer noch außerhalb der ewigen Regionen liegen. Die tiefste Ebene ist für alle die gleiche.

Wie lange benötigt man, um dorthin zu gelangen? Nun, zählt man nur von dem Jahr an, als er herausfiel, brauchte der Prinz von Kapila insgesamt sechs Jahre, um das Nirvana zu finden[78].

---

*irgend ein gebürtiger Deutscher einen Hinweis darauf geben, wie oder warum diese Vertauschung der Geschlechter zustande kam? (GS-B, 9.4. 1994).*

[76] Kursiv gedruckte Wörter sind im englischen Original groß geschrieben.

[77] Divine = göttlich als Adjektiv und erraten als Verb.

[78] *Als ich dies schrieb, war ich im Hinblick auf meinen Vorgänger und auf das, was dieser lehrte, ein völliger Ignorant. Wie die meisten Studierten kopierte ich die Fehler anderer Studierter.*

Ich kenne keinen sichereren Weg der Erkundung des Göttlichen als den durch Erfahrung der totalen Liebe. Die Kluft der Ersten Unterscheidung kann ihren eigenen Umriß als männlich auf der einen und weiblich auf der anderen Seite sehen. Durch das aufeinander folgende Vortäuschen, die eine Seite von sich und dann die andere zu sein, kann sie sich selbst vortäuschen, daß ihr einer Umfang tatsächlich aus zwei Personen besteht, und damit die riesige Liebes-Partnerschaft arrangieren, die des Himmels Erster Familien-Witz ist. Es ist ein sehr glücklicher Witz und einer, der auch ganz für menschliche Liebende verfügbar ist, die weit genug in sich selbst hineingehen, um den Ort zu finden, an dem sie sich treffen. Er ist verfügbar in jeder Liebes-Erfahrung zwischen einem Mann und einer Frau.

Ich glaube, ich sollte den Leser/die Leserin vor zwei großen Verwirrungen warnen, auf die er oder sie wahrscheinlich in anderen Büchern trifft. Die erste ist eine ernste.

In vielen westlichen Texten über Magie, Okkulte Wissenschaft, Religion oder tiefgründigste theologische Lehre gibt es eine Verwechslung - und oft ist sie sehr kraß - zwischen den beiden ursprünglichen Seinsordnungen, das heißt zwischen der Null und der Einheit, der Gottheit und dem Gott, der Weiblichen Konstante und der Männlichen Konstante, dem Yin und dem Yang. In östlichen Büchern gibt es selten diese Verwechslung, sie verstehen es entweder richtig oder überhaupt nicht. Aber in der westlichen Lehre werden Gott und Gottheit häufig zusammengemischt, und das Geschlecht der Gottheit wird oft übergangen oder gar mißverstanden, wodurch Gott als homosexuell dargestellt wird. Meistens, natürlich, wird die Gottheit einfach gar nicht erwähnt. In anderen Büchern erstreckt sich die Verwechslung auf Einheit und Null, wobei solche Bücher über „Das Eine" sprechen, wenn sie „Die Leere" meinen. Ich glaube, dies entspricht zum Teil dem Fehler, nicht zwischen Kardinal- und Ordinalzahlen zu unterscheiden. Ordnung Null (die Leere) ist die erste Ordnung, die wir zählen. So wie Anmerkung Null die erste Anmerkung in diesem Buch ist. Aber die Verwechslung des Geschlechts oder das Auslassen der gesamten weiblichen Realität schreibe ich unserer starken kulturellen Neurose bezüglich Frauen zu, speziell im Christen- und Judentum.

Die andere Verwirrung ist nicht so ernst, obwohl sie genauso oft vorkommt. Weil die Himmel als erhaben betrachtet werden, wir aber tief tauchen müssen, um sie zu finden, gibt es in der gesamten Literatur Verwirrung darüber, ob das Göttliche oben oder unten ist. Natürlich ist es in jeder Richtung und in überhaupt keiner Richtung, weil es ebenso hier bei uns, im wirklichen Zentrum der Dinge, wie an jedem anderen Ort ist, den wir als denselben erkennen, wenn wir dort hingelangen.

---

*Sakyamuni wurde an einem Ort namens Kapilavastu geboren, nicht in „Kapila", wie das Buch, aus dem ich abschrieb, unerklärlicherweise angab. Ich schrieb, er hätte Nirvana erlangt, wohingegen es Erleuchtung war, was er erlangte, was ganz und gar nicht das selbe ist. Wie ich im Vorwort zu dieser Ausgabe festgehalten habe, war ich unerleuchtet, als ich dieses Buch schrieb, und obwohl vieles von dem, was ich schrieb, korrekt ist, ist es einem unerleuchteten Wesen definitiv nicht möglich, irgend etwas Richtiges über Erleuchtung zu sagen (könnte es, wäre es erleuchtet). Auch gegenüber der Bedeutung von „Nirvana" war ich ignorant. Jede/r war von Zeit zu Zeit dort, ohne es zu wissen. Es erscheint ganz genau gleich, ob du lebst oder tot bist; und offengestanden, ist es etwas langweilig, eigentlich. (GS-B, 9.4.1994).*

Wenn wir uns dieses „Zentrum" von allem als umgeben von Schichten wie bei einer Perle oder Zwiebel vorstellen („onion"[79] und „union" sind die gleiche Wortwurzel, wie du vielleicht bereits vermutet hast), dann entspricht das Göttliche in dieser Analogie den tieferen Schichten und das Weltliche der Oberfläche. So betrachtet, gibt es keine Verwirrung. „Droben" wie in „droben im Himmel" bezieht sich eigentlich auf eine Rangordnung eines gegebenen Büros im gesamten Wohnsitz der göttlichen Familie und ihres Königreiches, so wie wir auf der Erde sagen, daß ein Rang höher als ein anderer ist, ohne damit zu meinen, daß sein Büro in einem höheren Stockwerk liegt.

2     „Was ein Mann zu wissen wünscht, ist *das* (d.h. die externale Welt). Aber das Mittel des Wissens ist *dieses* (d.h. er selbst). Wie kann er das kennen? Nur dadurch, daß er *dieses* perfektioniert." - Kuan Tsu.

Überdenken wir diese alte Lehre in Bezug auf die moderne Physik, können wir erkennen, daß die Analyse beider Sichtweisen auf das folgende hinausläuft: daß das Universum, das wir sehen, dem Maß des Instruments entspricht, welches wir zu seiner Betrachtung benutzen: Mit anderen Worten, es ist selbst das Ergebnis der Fähigkeiten seines besonderen Beobachters: und daher müssen wir nur unsere eigenen grundlegenden Fähigkeiten verändern, und dies genügt, um das Universum, das wir erfahren, in jeder gewünschten Weise zu verändern.

„Kurz: Die Welt muß dann eine völlig andere werden. Sie muß sozusagen als Ganzes gedeihen oder vergehen. Die Welt des Glücklichen ist eine gänzlich andere als die eines Unglücklichen." - Wittgenstein.

3     Die Tatsache, daß ein „normaler" Mensch, wenn überhaupt, nur wenig von seinen/ihren ersten fünf Lebensjahren und besonders von den ersten dreien erinnern kann, ist für diese Diskussion nicht ohne Bedeutung. Seine oder ihre Indoktrination oder Gehirnwäsche verlangt die Illusion der Notwendigkeit, Dauerhaftigkeit und vor allem eine charakteristische Ausschließlichkeit der „Realität", die dem Kind als „die einzig vernünftige" Auslegung seiner Erfahrungen auferlegt werden muß, sodaß das Kind vergessen wird, daß eine derartige Indoktrination überhaupt stattfand. Jene, bei denen die Indoktrination nicht richtig „griff", können möglicherweise erkennen, daß der Inhalt ihrer ersten fünf Jahre genauso leicht zugänglich ist wie alle anderen fünf Jahre, und sie können sehen, auf welche Art und Weise das gewöhnliche Vergessen dieser wichtigen Jahre, obwohl „normal" für unsere Kultur (nicht normal für jede Kultur, wie ich meine), unnötig und ungesund ist, wie sehr es die Entwicklung unserer Einsicht behindert und unsere Sicht auf die Außenwelt fixiert.

Warum sich die Gestalt der Indoktrination, wenn sie erst einmal begann, selbst fortsetzt, ist offenkundig genug: Kein „normaler" Erwachsener, der deswegen so viel von seiner Realität verloren hat, kann den Gedanken an ein Kind ertragen, das in seinem Verständnis der Welt etwas hätte, das, wenn sie nichts dagegen unternehmen würden, zu einem großen Vorteil ihnen selbst gegenüber werden könnte, und so unternehmen sie instinktive und selbsterhaltende Schritte, um das Kind praktisch vom Moment seiner Geburt an zu „einem von uns" zu machen, das heißt, ein Ende für das zu setzen, was es weiß und wir nicht wissen. Außerdem findet der wirklich wirksame Teil dieser Prozedur auf einer unausgesprochenen, nicht offenen Ebene statt, so daß keiner, der nicht weiß, wie man danach suchen muß, sehen kann, was wirklich vorgeht.

---

[79]   Onion = engl. Zwiebel, union = engl. Vereinigung, Verbindung.

Dies ist selbstverständlich ein Prozeß, durch den die Grundlage jeder Kultur automatisch von einer Generation auf die nächste übertragen wird, und im allgemeinen besteht keine Notwendigkeit, in ihn einzugreifen. Doch wenn eine Kultur irgendwie zu einem Punkt ihrer Geschichte kommt, an dem ihre eigenen eingebauten Werte unvermeidlich zur einer Katastrophe führen, wie dies in unserem Falle heute sogar jenen offensichtlich ist, die immer noch von *innerhalb* dieses Wertezusammenhangs operieren, wird es notwendig, daß möglichst viele, die so handeln können, so schnell wie möglich die einsame Straße nehmen, die aus ihr herausführt, um zu sehen, was die Alternativen *sind*. Es gibt eine ganze Menge von uns aus jeder Gesellschaftsebene und sozialen Stellung, die genau dies tun, und wir haben gemeinsam, daß wir nun fühlen, daß es innerhalb der Werte der Kultur selbst keine *Lösung* (außer die ihrer totalen Selbstzerstörung) gibt.

Wenn wir aussteigen, dann nicht, um „unsere Hände rein zu waschen" von unserer einheimischen Kultur oder vor ihr zu flüchten, wie ihre begriffstutzigeren Anhänger pausenlos und lautstark klagen, sondern als eine notwendige, schwierige und gefährliche Operation zur Rettung dessen, was es uns wert erscheint, vor einem Schicksal bewahrt zu werden, das sie entweder nicht kommen sehen können, oder nicht die entfernteste Vorstellung davon haben, was sie damit anfangen müssen, wenn sie könnten.

4 Der/die LeserIn, der/die glaubt, ich würde sie[80] auf den Arm nehmen, tut gut daran tun, einen flüchtigen Blick auf einige nicht-zu-schwierige Zusammenfassungen der Entwicklung der Quantenphysik zwischen den beiden Weltkriegen zu werfen. Ein Blick in zum Beispiel „A History of Science" von W.C. Dampier (er wurde ursprünglich W.C. Dampier Dampier-Wetham genannt, ließ aber das Wetham und eines der beiden Dampiers aus dem, wie ich mir vorstelle, verständlichen Grund, daß dies einfach zu viel ist, fallen. Ich gestehe, daß ich an ihn nie ohne große Sorge für sein Problem, was er mit seinem Namen tun soll, denke. Er ist inzwischen tot, sodaß ihm dies nichts ausmachen wird)[81], ein flüchtiger Blick, wie ich sagte, auf Seite 396 und folgende, wird deutlich machen, was ich meine.

Sehr kurz gefaßt: Nach tausenden Jahren der Forschung haben Physiker nicht die geringste „feste Materie" gefunden. Nur kleine „Wellenstürme", von denen wir irgendwie ein paar Nebeneffekte wahrnehmen können, obwohl wir sie selbst in keiner Weise mit irgend einem außerhalb forschenden Sinn oder Instrument sehen, fühlen oder spüren können. Wir wissen nicht, was sie sind und wo sie sich befinden; kurz, ihre

---

[80] Bezieht sich auf die Frau im gerade beendeten Dialog. Im Englischen bedarf dies keiner Erläuterung, da das Wort „reader" geschlechtsneutral ist.

[81] *Er war Mitglied unseres Cambridge Colleges, Trinity. Sein Haus hieß „Upwater Lodge", und er hatte einen Hund namens „Flush" (spülen, Rauschen des Wassers. A.B.). Es ist nicht so wichtig, aber wenn wir schon einmal dabei sind, all diese wässerigen Dinge über ihn zu erwähnen, können wir die Geschichte auch komplettieren, denn einiges, was im Englischen offensichtlich ist, mag es im Deutschen nicht sein. Die Initialen W.C. werden auch im Englischen für Badezimmer oder Toilette verwendet (water closet). Der Name „Dampier" klingt wie „damper", was „feuchter" bedeutet (Steigerung von damp = feucht; interessant, daß die Steigerung „wetter" des gleichbedeutenden englischen Wortes „wet" im Deutschen zu „Wetter" wird; A.B.), und „Wetham" wird wie „wet 'en", eine umgangssprachliche Abkürzung für „naß dann", ausgesprochen. (GS-B, 4.9.1994).*

einzige „Realität" besteht in der mathematischen Gleichung, die nicht voraussagt, was sie tun, sondern was wir erfahren werden.

Dies ist es, was Physiker wie Eddington und Jeans dazu veranlaßte zu sagen, daß das Universum vollständig aus Mathematik gemacht ist. Doch obwohl wir wissen, daß sie existieren, existieren die Elemente der Mathematik nicht in irgend einer physikalischen Form. Für an solchen Dingen Interessierte sei angemerkt: Die numerischen Elemente existieren in der fünften Ordnung mit der ersten Zeit, d.h. zwei Ebenen tiefer als die physikalische. Ich glaube, es ist die, welche in der Magie „Astraler Plan" genannt wird. Wenn wir nach innen reisen, ist es die letzte unserer materiellen Existenzen. Ihre Struktur ist transparent und kristallin. Im Mittelalter wurde sie nach außen projiziert und „Kristalliner Himmel" genannt, obwohl sie, technisch gesprochen, keine ewige Region ist. Sie ist die Ebene, wo die ewigen Regionen erstmals entworfen und gezählt werden, da es in der Ewigkeit selbst keine Zahlen gibt. Ohne Zeit kannst du nicht zählen. Wenn wir uns von hier weiter in die Himmel hinein begeben, verlieren wir alle Zahlen in einem erblindenden Blitz, wenn wir durch den fünften Schleier in den äußeren Himmel zurückkehren. Von hier an müssen wir, wenn wir das, was wir mathematisch sehen, untersuchen wollen, Boole'sche Elemente verwenden, die nicht numerisch sind.

Eddington und Jeans scheinen daher auf eine Art Recht zu haben, wenngleich die von ihnen dargestellte Sichtweise etwas zu eng ist. Zum Beispiel können wir die Mathematik nicht in die ewigen Regionen *in uns mit*nehmen, und ebenso können wir sie nicht mit uns nach draußen in die physikalische Existenz bringen. Wir können sie nur an ihrem eigenen Ort benutzen, um entweder zu *formulieren*, was wir von ihr selbst oder anderen temporalen Strukturen beobachten können, oder um aus einer zeitlichen Existenz heraus zu *berichten*, was wir von der ewigen Struktur *erinnern*. In der folgenden Anmerkung hoffe ich, dies illustrieren zu können.

5    Wenn man eine Zahl n mit einer Primzahl p potenziert und das Ergebnis durch p dividiert, bleibt ein Rest von n. Beispiel:
$$4^7 = 4 \times 4 \times 4 \times 4 \times 4 \times 4 \times 4 = 16384.$$
Teilen wir diese Zahl durch 7, bleibt ein Rest von 4. Dabei ist es gleichgültig, ob wir p kleiner als n machen, weil das Theorem nicht besagt, daß der Teiler der kleinste sein muß. Es besagt nur, daß einer der möglichen Reste, der übrig bleibt, wenn wir p von np angemessen oft abziehen, tatsächlich n sein wird. Und es sagt, daß dies nicht nur auf die von uns ausprobierten Fälle zutrifft, sondern auf alle unendlichen Fälle, die wir nicht ausprobiert haben und ausprobieren können, weil wir *nicht die Zeit dazu* haben. Es sagt mit anderen Worten nicht nur etwas über zeitliche Existenz, sondern über die Ewigkeit aus.

Bestimmte Teile dieses Theorems waren den Chinesen 500 v. Chr. bekannt, aber eine generellere Formulierung davon taucht in der privaten Korrespondenz des französischen Juristen Pierre de Fermat im Jahre 1640 n.Chr. auf, und das Theorem trägt für gewöhnlich seinen Namen.

Ein Beweis für es kann in jedem Universitäts-Lehrbuch elementarer Arithmetik gefunden werden. Wenn du einen solchen Beweis näher untersuchst, wirst du sehen, daß er aus zwei Teilen, aus einem numerischen und einem Boole'schen, aus einer Berechnung und einer Beweisführung besteht, und daß es die Heirat zwischen der zeitlichen und der ewigen Form ist, die dem Theorem die Gabe der Sicherheit schenkt.

6     Altenglisch *cunnan*, daher *keen, ken, know* und *con* = steer, navigate, wie in *conning tower*.[82]

7     Indem wir diese großartigen Reisen in den äußeren Raum feiern, neigen wir dazu, die kolossalen und gleichermaßen heldenhaften Reisen *in die entgegengesetzte Richtung*, die zu dieser Gelegenheit von Leuten wie Isaac Newton unternommen wurden, zu übersehen. Ohne die extrem schwierigen, disziplinierten und ebenso gefährlichen Reisen in den inneren Raum könnte keine Reise in den äußeren Raum jemals erfolgreich sein.

8     „Hier geblendet mit einem Auge: und dort
Taub durch das Trommeln eines Ohrs."[83]

9     Dies war lange ein wunder Punkt zwischen Himmel und Erde. Gott - womit ich die erste Manifestation von IHVH meine und nicht die moralpredigende Vaterfigur, die wir zum Zwecke der Verehrung entwerfen - hat praktisch kein Verständnis von Gut und Böse und ist ständig verwundert über unser offensichtliches Vertieftsein in „Objekte", von denen Er, als Er selbst, nicht die geringste Erfahrung besitzt.

10     „Ein Dichter würde daher schlecht daran tun, seine eigenen Konzeptionen von Richtig und Falsch, welche für gewöhnlich die seines Ortes und seiner Zeit sind, in seine poetischen Schöpfungen aufzunehmen, die an keinem der beiden teilhaben. Durch diese Übernahme eines untergeordneten Amtes, die Wirkung zu interpretieren, bei dem er vielleicht am Ende schlecht abschneidet, würde er es aufgeben, sich an der Teilnahme an der Ursache zu weiden. Es bestand kaum die Gefahr, daß Homer oder andere ewige Poeten sich selbst so sehr mißverstehen würden, daß sie diesen Thron ihres weitesten Herrschaftsgebiets abgeben. Jene wie Euripides, Lucan, Tasso oder Spenser, in denen die dichterische Fähigkeit, obwohl großartig, weniger stark ist, haben häufig ein moralisches Ziel vorgetäuscht, und die Wirkung ihrer Dichtung wird genau proportional zu dem Ausmaß verringert, mit welchem sie uns dazu drängen, uns auf diesen Zweck zu beziehen." - Shelley.

11     Wie Robert Graves es in „The White Goddes" stehen hat. Was Sir Walter Raleigh (oder Rawleigh oder Ralegh) tatsächlich schrieb, war:

> She hath lefte me here all alone,
> All allone as vnknowne,
> Who sometymes did me lead with her selfe,
> And me loude as her owne.[84]

Gefühle ändern sich nie, aber der Rhythmus der Sprache tut es. Geschicktes Redigieren hinsichtlich seines Rhythmus' kann einem alten Gedicht den Anschein geben, zeitgenössisch zu sein.

12     Eine der Schwierigkeiten unserer Zivilisation besteht darin, daß wir unsere Wortwurzeln verloren haben. Wir benutzen Worte ohne die geringste Vorstellung

---

[82] Übersetzung: ..., daher *begeistert* (leidenschaftlich, versessen), *Gesichtskreis* (Horizont, Wissensgebiet), *wissen, können* und (auswendig-) *lernen* = steuern, navigieren, wie in Kommando-Turm.

[83] *Das Zitat ist von Andrew Marvell, „Dialogue between the Soul and the Body".*

[84] Übersetzung: Sie hat mich hier ganz allein gelassen,
Ganz allein wie unbekannt,
Die mich manchmal mit sich führte,
Und mich als ihr Eigen liebte.

davon, was sie bedeuten. Ich würde jedem/r empfehlen, sich ein gutes etymologisches Wörterbuch zuzulegen und *jedes Wort* nachzuschauen, *das er/sie jemals verwendet hat.* Er/sie wird erstaunt sein. Es gibt viele solcher Wörterbücher; Eric Partridge hat ein sehr lesbares mit dem Titel „Origins"[85] geschrieben. Lerne, es zu lesen, und du wirst wissen, was Gott und Mann sind.

Ein paar Beispiele. *Husband*[86], von *hus* = *house*[87], *bond* (für *buandi*) = eine verweilende Person. Letztere Wurzel ist die selbe wie für *bond*[88], *band*[89], etwas, das zusammenhält, eine Grenze[90]. Daher ist ein Ehemann ein Mann, der einer Frau dadurch Bedeutung verleiht, daß er Ordnung, Gesetz und Form sicherstellt. Davon läßt sich *husbandman* ableiten, ein Farmer[91] (*farm*[92], *firm*[93], *firmament*[94], und *throne*[95] sind alle miteinander verwandt), der seinen Bauernhof, sein Gut oder Königreich pflegt, sie bei Krankheit umsorgt, sie in gesunden Zeiten erntet, in sie eintritt, in ihr reitet, für sie arbeitet, ihre Zäune ausbessert, mit ihr spielt und so weiter für immer und ewig.

Jetzt *wife*[96]. Von *vibrare* = vibrate[97]. Also wörtlich: Die Frau eines Mannes ist sein *vibrator*[98]! Sie ist das *Leben*, das seine *Form* vervollständigt. So wie er die Gesetze des Haushalts aufstellt, läßt sie diese *laufen*. Sie ist diejenige, die sie funktionieren läßt, sie ist das innere Prinzip, das alles in Betrieb hält. Er ist das Gehäuse, das Design und die Zeiger der Uhr, und sie ist es, die diese zum Ticken bringt. Sie weiß ohne die Zeiger nicht, wie spät es ist. Aber die Zeiger haben keine Vorstellung davon, was sie ihr sagen sollen, es seie denn, sie tickt im Innern weiter und läßt die Zeiger gehen. Von hier aus verzweigen wir uns in eine Galaxis von Wörtern wie *wave, waver, weever, wiper, viper, whip* (durch das Deutsche natürlich), *woman,* waif,[99] und so weiter und so fort.

Dies ist so kolossal, daß mein Bleistift sich weigert, zur Ruhe zu kommen. Er will es noch einmal sagen. Und noch einmal. Sehr gut.

Eine Uhr ohne ein Ticken, ohne Pendel oder Unruh zu ihrer Regulierung, ist völlig dumm. Untypisch. Boshaft. Keine Ahnung, was sie ist. Sie hat das Zählen nicht *vergessen*, sondern es gibt einfach nichts *zu* zählen. Räder und Uhrwerke, Zähne und Zahnräder und Zeiger sind alle an ihrem Platz, aber kein Pendel- oder Unruh-Ticken, das diese Maschine interpretieren könnte.

---

[85] Dt.: Ursprünge, Quellen.
[86] Ehemann.
[87] Haus.
[88] Binden (als Verb), Verpflichtung.
[89] Band.
[90] Boundary im Englischen.
[91] Im Englischen das gleiche Wort.
[92] Bauernhof.
[93] Firma, fest.
[94] Firmament, Himmelsgewölbe.
[95] Thron.
[96] Frau, Gattin.
[97] Vibrieren, schwingen, beben.
[98] Vibrator, Rüttelapparat.
[99] In der Reihenfolge ihres Auftretens: Welle, wehen, schwanken; flackern, schwanken, unentschlossen sein; Petermännchen (dies ist ein etwa 40cm langer Fisch an den Küsten Europas und Westafrikas); Wischblatt, Scheibenwischer; Giftschlange, Kreuzotter; Peitsche, (Sahne) schlagen; Frau; verwahrlostes Kind, Heimatlose(r).

Während all dies vor sich oder besser aus geht, gibt es irgendwo weit weg ein Ticken ohne Uhr, eine Unruh, die nichts zum Zählen hat, wieviele Ticke es seit der Ewigkeit getickt hat, ein Pendel ohne Uhrwerk oder Zeiger, ohne irgend etwas zum Messen und zum Interpretieren und Anzuzeigen, was die Stunde geschlagen hat, ein Regulator ohne etwas zum Regulieren, ein einsames Etwas, das sich selbst blöde tickt. Tick-tick-tick, schnatter-schnatter-schnatter.

Mann, dein einziger Zweck auf Erden ist, Frau unterzubringen und zu interpretieren. Alles andere ist unwichtig. Ohne dich ist sie obdach- und bedeutungslos. Nur du kannst sie mit dem versorgen, woran es ihr mangelt. Daher ist alles, was du nicht mit völliger Hingabe für sie tust, Untreue, und ihr beide werdet darunter leiden. Frau, dein einziger Zweck auf Erden ist, Mann in Anspruch zu nehmen und zu motivieren. Ohne dich ist er zwecklos und dem Tode geweiht. Du bist sein einziger Besitz, sein einziges Motiv und sein Regler. Nichts anderes. Jedes Teil deines Seins, das nicht so nach seiner Anordnung plaziert ist, ist deplaziert, und ihr werdet beide darunter leiden.

Kurz: Des Mannes ganze Fähigkeit dient der Freude der Frau, und ihr gesamtes Wesen ist sein Spielplatz.

Kitschig, nicht wahr? Furchtbar doof. Und doch gibt es das. Falls du es anders haben willst, Atombomben, Fallout, spezielles Nervengas, speziell kultivierte Virusinfektionen, nicht doof, wer bin ich, daß ich sage, daß du es nicht auch so haben kannst; was mich betrifft, kannst du das halten, wie du willst, ich wünsche dir viel Glück und hoffe, daß du davon profitieren wirst. Es ist dein Trip.

13 Unsere Stammesstruktur, unser familiärer Zusammenhang, bringt uns durch das einfache Hilfsmittel, Schmerz zu belohnen und Vergnügen zu bestrafen, in die Hölle und hält uns dort. Immer, wenn sich das Kind sich verletzt hat, wird auf zahllose Arten getröstet, gefüttert, geknuddelt und belohnt. Verletzt es sich nicht, wird es ignoriert, und wenn es sich selbst befriedigt, wird es bestraft.

Nach etwa zwanzig Jahren derartiger Konditionierung, die mit beständigen frömmelnden, hypnotischen verbalen Kommentaren überzogen und verstärkt wird, ist es absolut kein Wunder, daß das Kind, das nun vermeintlich zur „Unabhängigkeit" herangewachsen und mit der Wahl, die wir alle zwischen freudvollem und schmerzhaftem Leben treffen müssen, konfrontiert ist, unfehlbar das schmerzhafte wählt. Und es geht in die Hölle.

Der normale Weg aus der Hölle in den Himmel ist der durch das Fegefeuer, und in einer Hinsicht ist dieses schlimmer als die Hölle. Es ist deshalb schlimmer, weil man in der Hölle so gegen dieselbe abgehärtet wird, daß man sie nicht mehr spürt. Tatsächlich lernt man, nichts mehr sehr stark zu spüren. Man wird zu eine Art Zombie, einem Science-Fiction-Automaten. Man erfüllt tatsächlich die Form der technokratischen Propaganda, indem man sie immer und immer wieder herunterleiert, mit dem Effekt, daß dies wirklich alles ist, was man überhaupt noch ist.

Das Fegefeuer ist schlimmer als die Hölle, denn wenn man erkannt hat, langsam oder plötzlich, daß man in der Hölle ist, daß das eigene sogenannte Leben ohne Bedeutung oder Leitung ist, daß man von seinen eigenen, realen Erfahrungen seines eigenen Lebens hereingelegt und betrogen worden ist, tja, dann beginnt man, seine Gefühle zurückzubekommen, man beginnt, sich aus der Hypnose zu lösen, zu erwachen aus der Anästhesie. Und Jesus! Das schmerzt vielleicht.

Die Art, wie der Himmel uns zu sich zurückruft, ist genauso simpel wie die unserer Eltern, unserer Familie, unseres Volkes unseres Landes und unserer Menschlichkeit, uns aus dem Himmel heraus in die Hölle zu rufen. Sie vertauscht die Polarität. Sie belohnt Freude und bestraft die Qual. Wenn du willst, versuche die Permutationen, es gibt keinen anderen Weg. Völlig simpel, völlig offensichtlich, und dennoch so *selten* verwirklicht, daß ihre Realisierung im allgemeinen als Wunder und der sich daraus ergebende Gang durchs Fegefeuer als Erlösung durch Gnade betrachtet wird.

Wenn es geschieht, muß meistens die Qual zuerst kommen, obwohl beide, Schmerz und Qual, verdoppelt werden. Tatsächlich ist die Qual umso größer, je größer der Schaden ist. Zu Beginn gibt es wenig Vergnügen, wenn man aus einer schrecklichen Operation erwacht. Aber die Qual des Fegefeuers wird durch das Wissen ausgeglichen, daß wir letztendlich damit begonnen haben, etwas für den Zustand unseres Lebens zu tun. Am Ende, nach einer bestimmten Periode, in der wir dafür bestraft werden, daß wir uns selbst erlaubten, bestraft zu werden, werden wir mit den Freuden des paradiesischen Zustands belohnt, und noch mehr dafür belohnt, daß wir uns nun erlauben, belohnt zu werden.

14   Ich schwärze natürlich nicht den Spezialisten als Spezialisten an. Er gründet sein Geschäft und muß wie alle anderen auch seinen Beruf fördern. Was ich zu sagen versuche, ist, daß wir die Vorstellung aus unseren Köpfen entfernen müssen, wir könnten immer von Spezialisten geführt werden. Außer natürlich in die Katastrophe.

Meiner Ansicht nach gibt es nichts Gefährlicheres als die neuartige, fixe Idee für den Professionalismus in der Politik. Ein Anführer benötigt universelle und intuitive Qualitäten, keine teilweisen und berechnenden. Er muß wissen, wie man richtig handelt, und nicht, wie man falsch folgert. Vor allem muß er zu seiner eigenen Autorität gekommen sein und sich nicht nach anderen richten. Er muß zur Vernunft gekommen sein.

15   Wie könnte ein Baby jemals etwas so Kompliziertes wie eine Sprache lernen, wenn nicht auf Grund seines tieferen Zugangs zu ihrer Bedeutung? Wir versuchen, es falsch herum zu lehren. Wenn du willst, daß dein Baby so wie du spricht, fange erst gar nicht mit verrücktem Baby-Geplapper an. Spreche ganz natürlich mit ihm, als würdest du mit einem Kollegen sprechen, vereinfache nicht das, was du sagst, weil du es einem Baby sagst. Es ist aufmerksamer als du. Es formt sich selbst nach deinen inneren Erwartungen, deshalb *denke* vor allem nicht, daß es ein Baby ist. Wenn du dieses Verfahren von Geburt an weiter verfolgst, wird jedes normale Kind mit einem Alter von etwa drei Jahren vollständig dazu fähig sein, alles zu diskutieren, was du mit ihm diskutieren willst. Das einzig Dumme ist, daß du zwei Jahre später durch das Gesetz dazu angehalten wirst, es zur Schule zu schicken, wo es nun entweder eine Maske gemeinschaftlicher Idiotie wählen muß oder als Freak isoliert wird. Ich erlebte, wie dies einem kleinen Mädchen geschah. Es hatte Eltern, die sie sie selbst sein ließen, ohne ihr ihre Phantasien darüber aufzuzwingen, was sie sein „sollte". Mit drei war sie die wunderbarste Gefährtin, vor allem, weil sie sich immer noch voll des Holokosmos bewußt war, von dem sie vieles bestätigen oder weitergeben konnte, was wir über ihn wissen wollten, und sie war - wie Babies und Tiere, bis sie es aus sich herausgehämmert haben - vollständig hellsichtig und telepathisch veranlagt. Als sie mit fünf zur Schule ging, wählte sie - weise, wie ich meine - die Maske der gemeinschaftlichen Verblödung, die von Kindern in diesem Alter erwartet wird. Ihre

Sprache wurde bis zu dem verlangten Grad babyhaft, und sie kann sich nicht mehr erinnern, worüber sie sonst gesprochen hatte, nicht einmal daran, daß sie darüber gesprochen hatte. Sie hat ihre Fähigkeit der direkten Sicht verloren.

Normale Menschen unseres kulturellen Hintergrunds haben Kinder für den Zweck, bestimmte Phantasien zu erfüllen. Andernfalls hätten sie keine Kinder. Doch da Phantasien Phantasien sind, ist jede/r am Ende enttäuscht. In Wirklichkeit ist man nur dann dazu geeignet, ein Kind zu haben, wenn man dazu bereit ist, zur Haustür zu gehen und den erstbesten Fremden, der zufällig vorbeikommt, mit hineinzunehmen und ihm oder ihr das erstaunliche Geschenk freier Unterkunft und Verpflegung und andere Aufmerksamkeiten für etwa die nächsten sechzehn Jahre anzubieten[100].

Die Tatsache, daß viele Leute keine Kinder haben würden, wenn sie im Voraus wüßten, daß dies genauso ist, könnte nur zum allgemeinen Besten sein. Dieser Planet ist bereits weit über das gefährliche Maß hinaus übervölkert, und er wird in nicht mehr allzu vielen Jahren auch über das Katastrophenmaß hinaus übervölkert sein.

16    Es gibt gewisse Kommentatoren, die in Bezug auf Künste das vorschlagen, was ich Rutschboden-Theorie[101] nennen werde. Zum Beispiel akzeptieren sie die Arbeit von Shelley, Beethoven und Pythargoras, um nur drei zu nennen, als solide, typisch, eminent kompetent und vernünftig. Doch obwohl Shelley, Beethoven und Pythargoras, um nur drei zu nennen, alle im wesentlichen darin, wie sie ihre Arbeiten entwickelten, übereinstimmen, behaupten die selben Kommentatoren nun, wobei sie von einer Arschbacke zur anderen rutschen, daß Shelley, Beethoven und Pythargoras, um nur drei zu nennen, komplett verrückt und daher nicht kompetent seien zu sagen, wie und warum sie ihre Arbeiten geschaffen haben. Dies, so sagen sie jetzt, müßten Experten entscheiden, von denen man - obwohl diese selbst überhaupt nicht dazu fähig sind, ein solches Werk zu erschaffen - annimmt, daß sie durch eine Art Wunder, das sie nicht weiter spezifizieren, in der Lage wären, genau zu sagen, wie es gemacht wird.

Ich persönlich sollte mich nicht kompetent fühlen zu beurteilen, wie Beethoven seine Musik komponierte, und daher bin ich vollkommen willens, seinen Bericht dieses Prozesses zu akzeptieren, denn seine *Erfahrung* in dieser Sache ist um so viel größer als meine eigene. Ich finde es natürlich interessant zu sehen, daß seine Berichte darüber, wie und warum er Musik komponierte, im wesentlichen mit meiner Erfahrung übereinstimmt, wie und warum ich Gedichte komponiere. Aber selbst wenn er etwas anderes gesagt hätte, sollte ich nicht annehmen, daß ich es besser weiß als er.

Was die Rutschboden-Theorie nicht erklären kann, ist die Tatsache, daß der Poet der erste Genießer seiner Arbeit ist. Er findet sie genauso erstaunlich, als wäre sie von jemand anderem geschrieben worden. Wenn er sie der Öffentlichkeit präsentiert, handelt er in der Eigenschaft eines Herausgebers. Aber während des eigentlichen Aufzeichnens fühlt er sich nur als Instrument. Wie Beethoven es zusammenfaßt: „*Der Geist spricht* zu mir, und ich *komponiere etwas.*"

---

[100]  *Heute halte ich diese Betrachtung der Eltern-Kind-Beziehung für idealistisch und etwas phantastisch. Sie ist in Wirklichkeit viel komplizierter. Wir verbringen die meiste unserer Erwachsenen-Zeit damit, herauszufinden, wie sie war, obwohl ich nicht glaube, daß sich die Leute - indem sie ihre verschiedenen Liebesaffären und andere Beziehungen ausschöpfen - dessen bewußt sind. (GS-B, 10.4.1994).*

[101]  Im Original: shufflebottom theory.

Die Implikationen von Beethovens Bemerkung zu ignorieren oder als unwichtig abzutun, selbst im sogenannten Interesse der Wissenschaft, scheint mir kleingeistig und unwissenschaftlich zu sein. Der Theoretiker, der glaubt, es besser zu wissen, hat, wie mir scheint, nichts weiter gelernt als das, was ihm an der Schule über das Komponieren gelehrt wurde, also nicht mehr als etwas „Ausgedachtes" und „Zurechtgemachtes".

Wenn du dir im Voraus „ausdenkst", was du gleich sagen wirst, ist das Ergebnis, wenn du es dann sagst, natürlich nicht im geringsten überraschend. Und noch weniger kann es, wenn gesagt, zu der Situation passen, weil es im Voraus entschieden worden ist. Eine aus-gedachte Äußerung muß immer verantwortungslos sein, weil sie ungeachtet der Umstände statt auf sie bezogen getätigt wird.

In der Tat beginnt die gesamte *Disziplin* der Kunst dort, wo der denkende Theoretiker aufhört. Er tut völlig recht daran, nichts zu unternehmen. Doch wenn er diese Rechte ausgeübt hat, ohne den Preis dafür zu zahlen, und einen öffentlichen Anspruch darauf erhoben hat, zu wissen, wird die Natur des Ergebnisses letztendlich sicherlich zu seinem Mißkredit beitragen.

17 Ich klagte einmal einem Freund, daß ich die Vorstellung, eine Person könnte mehr als eine Inkarnation haben, unvorstellbar fand. „Findest du es nicht unvorstellbar", fragte er, „daß du nur eine *einzige* Inkarnation hast?"

18 Es ist vielleicht aufschlußreich zu sehen, wie ein in heutiger Zeit geschriebenes Buch einem Kritiker erscheinen kann, der vor etwa siebenundzwanzig Jahrhunderten gelebt hat. Als ich dieses Buch zu Ende geschrieben hatte, fragte ich das I Ging, ob es so freundlich sein würde, es zu rezensieren. Es gab mir das Hexagramm 54, und ich zitiere aus dem Kommentar.

„Oben haben wir Chen, den ältesten Sohn, und unten haben wir Tui, die jüngste Tochter. Der Mann führt, und das Mädchen folgt ihm in Fröhlichkeit. Das Bild ist das des Mädchens, das in das Haus des Mannes eintritt." Es „zeigt ein junges Mädchen unter der Führung eines älteren Mannes, der sie heiratet."

„Während gesetzlich geregelte Beziehungen eine festgelegte Verbindung aus Rechten und Pflichten bekunden, hängen auf persönliche Neigungen basierende Beziehungen auf Dauer völlig von taktvoller Zurückhaltung ab."

„Liebe als essentielles Prinzip der Verbundenheit ist von größter Wichtigkeit in allen Beziehungen der Welt. Für die Vereinigung von Himmel und Erde ist sie der Ursprung der gesamten Natur. Zwischen den Menschen ist spontane Liebe gleichfalls das alles-beinhaltende Prinzip der Vereinigung."

„Der Donner bewegt das Wasser des Sees, das ihm in schimmernden Wellen folgt. Dies symbolisiert das Mädchen, die dem Mann ihrer Wahl folgt. Aber jede Beziehung zwischen Individuen trägt die Gefahr in sich, daß falsche Richtungen eingeschlagen werden, die zu endlosen Mißverständnissen und Streitereien führen. Daher ist es notwendig, ständig des Endes eingedenk zu bleiben. Wenn wir uns erlauben, fortzutreiben, kommen wir zusammen und werden wieder getrennt, wie es der Tag beschließen mag. Fixiert der Mann seinen Geist hingegen auf ein Ende, das dauerhaft ist, wird er erfolgreich die Riffe meiden, die vor den tieferen Beziehungen zu Menschen stehen."

Das I Ging gab auch einen Wandel, aber dieser war, obwohl ebenso scharfsinnig und ebenso taktvoll gehalten, ein persönlicher Rat für den Autor und ist daher einzig für meine Augen bestimmt.

# A Lion's Teeth - Löwenzähne
## George Spencer-Brown der als Richard Leroy schreibt

ISBN 978-3-89094-287-2, DIN A5, 148 Seiten

George Spencer-Brown (Pseudonyme: Richard Leroy, James Keys) besuchte das London Hospital Medical College und die Universitäten von Oxford und Cambridge. Mit R.D. Laing erforschte er zehn Jahre lang neue Methoden der Kindererziehung und Therapie. Er ist Gastprofessor an verschiedenen amerikanischen und europäischen Universitäten, hält zwei Weltrekorde als Segelflieger und ist Tarati-Erfinder (das einzige Spiel, das von seiner Schönheit und Tiefe mit Schach vergleichbar ist). Er ist Schachmeister und außerdem Dichter und Songwriter. Gründer und Präsident des Sentinel-Trust, einer Stiftung zur Erforschung und zur Förderung kreativer Erziehung und außerordentlicher Talente. Zahlreiche wissenschaftliche Publikationen über Wahrscheinlichkeit und Logik.

Über den Inhalt in deutsch: "Ein junger Prinz macht sich auf den Weg, um herauszufinden, wer er ist. Er begegnet Hexen, Zauberern und anderen magischen Geschöpfen und wird von einem König getötet, dessen Macht er leichtsinnigerweise anzweifelt.

Während er tot ist, tritt er ins Nirvana ein und lernt, dass alle Wahrheiten das genaue Gegenteil dessen sind, was sie uns im "wirklichen Leben" zu sein scheinen. Nach 2500 Jahren wird er als Mensch wiedergeboren, um zu seinem Schrecken zu entdecken, dass er der Neue Buddha, der vorausgesagte Nachfolger von Sakyamuni ist. Seine Nirvana-Erlebnisse haben ihn allwissend gemacht, doch seine Familie, seine Freunde und seine Kollegen haben nicht den Wunsch, einen Nutzen aus dem zu ziehen, was er nun weiß, noch überhaupt wirklich mit ihm zu verkehren. "Du bist offensichtlich nicht du selbst", sagen sie ihm.

Am Ende erkennt er, dass der einzige ihm verbleibende Weg der ist, wie sein Vorgänger zum Bettler zu werden und eine neue Gesellschaft, die Sentinels, anzuführen, Kinder aller Jahrgänge, die bereit dazu sind, die zum Scheitern verurteilten Überreste der einstmals großartigen menschlichen Kultur zu verlassen, um eine weniger zerstörerische Lebensweise zu gründen."

Englisch: A Lion's Teeth, by G. Spencer-Brown writing as Richard Leroy. - A young prince sets out to discover who he is. He meets witches, warlocks, and other magic creatures, and is killed by a king whose power he rashly doubts.

While he is dead he enters Nirvana and learns that all truths are the exact opposite of what they appear to be in "real life". After 2500 years he is reborn as a human being only to discover, to his horror, that he is the New Buddha, the predicted successor to Sakyamuni. His experience of Nirvana has made him omniscient, but his family, friends, and colleagues have no whish to avail themselves of what he now knows, or indeed to associate with him at all. "You are obviously not yourself," they tell him.

In the end he sees that the only course left to him is to become a beggar, like his predecessor, and lead a new society, the Sentinels, children of all ages who are ready to leave the doomed relics of a once-great human culture, to build a less destructive way of life.

## Laws of Form – Gesetze der Form
### von George Spencer-Brown

ISBN 978-3-89094-321-3, 240 Seiten, Softcover, Format DIN-A5, plus Bonus-Material (ca. 70 Seiten auf englisch), 4. Auflage

Die definitive internationale Edition dieses weltberühmten Klassikers „Laws of Form" auf 170 Seiten - vollständig in einer deutschen Übersetzung. Thomas Wolf und Spencer-Brown haben bei der Übersetzung eng zusammengearbeitet.

Diese Ausgabe beinhaltet nunmehr zusätzlich als Bonus-Material auch den erstmaligen Beweis des berühmten Vierfarbentheorems, von dem Mathematiker annahmen, daß es nie bewiesen werden würde. Dieser Teil ist in Englisch und umfaßt ca. 70 Seiten.

## Autobiography, Volume 1. Infancy and childhood
### Spencer-Brown

In englischer Sprache, ISBN 978-3-89094-355-8, DIN A5, 120 Seiten

Many people can remember the 1920's, but it takes a remarkable skill to recreate those far-off days for readers who were born too late to experience them. Professor Spencer-Brown, whose classic works Laws of Form and Only Two can play This Game were both best-selling Bantam paperbacks, is perhaps the only writer who can bring to life the secret loves, fantasies, and frustrations of a two-year-old who recalls 1925 as if it were only yesterday.

Praise for this Book: I find it remarkable for the author's description of the sadistic relations with his mother. I think the prem-ise is good, the title attractive and the length excellent. I am taken by the song, especially in its German translation. It almost sounds better in a foreign language, and appropriate for that language to be the language of Nietzsche and Brecht. The best part of the book, however, seemed to be - and quite properly - the last chapter. The story of the demise of the family fortunes is dramatic and essential. The author's climactic account of not murdering his mother is equally so; and the subsequent detailing of his love for her and for his father adds a necessary note of catharsis. I was very impressed by all of this. There is something Jacobean about it. (STODDARD MARTIN)

I have never seen anything so funny. The observations of a two-year-old on the adults in his life are devastating. (THOMAS WOLF)

**Informieren Sie sich ganz aktuell über diese und weitere Titel im Internet unter**

# www.magick-pur.de